Lothar Schattenburg

Stimme und Sprechen in der Psychotherapie

Ein Leitfaden zur Selbsterfahrung und Supervision

Mit 2 Abbildungen und 11 Tabellen

Vandenhoeck & Ruprecht

Bibliografische Information der Deutschen Nationalbibliothek:
Die Deutsche Nationalbibliothek verzeichnet diese Publikation in der
Deutschen Nationalbibliografie; detaillierte bibliografische Daten sind
im Internet über https://dnb.de abrufbar.

© 2020, Vandenhoeck & Ruprecht GmbH & Co. KG,
Theaterstraße 13, D-37073 Göttingen
Alle Rechte vorbehalten. Das Werk und seine Teile sind urheberrechtlich
geschützt. Jede Verwertung in anderen als den gesetzlich zugelassenen Fällen
bedarf der vorherigen schriftlichen Einwilligung des Verlages.

Umschlagabbildung: Pascal Schattenburg: Spektrogramm, 2020

Satz: SchwabScantechnik, Göttingen
Druck und Bindung: ⊕ Hubert & Co. BuchPartner, Göttingen
Printed in the EU

Vandenhoeck & Ruprecht Verlage | www.vandenhoeck-ruprecht-verlage.com

ISBN 978-3-525-45329-2

Für Klaus-Eberhard Sander

Inhalt

Vorwort 11

TEIL I Theoretische Grundlagen

1 Ein-Stimmung 19
2 Zur Rezeption der Stimme in der wissenschaftlichen
  Literatur 24
3 Warum bleiben die Stimme und das Sprechen wichtig
  im digitalen Zeitalter? 28
4 Technische Entwicklungen 35
5 Gesellschaftliche Risiken des technischen Fortschritts ... 39
6 Das Abc der Stimme 41
7 Neurobiologische Befunde 49
8 Stimme, Mimik und Gefühle 54
9 Stimme und Körperhaltung der Patient*innen 58
10 Stimme und Identität der Therapeut*innen 60
11 Nonverbale und verbale Elemente in der Psychotherapie 64
   11.1 Stimme, Sprechen und Hören 64
   11.2 Stimme, Sprechen und Schweigen 67
   11.3 Stimme, Sprechen und Schreien 70
   11.4 Stimme, Sprechen und Weinen 72
   11.5 Stimme, Sprechen und Lachen 74
   11.6 Stimme, Sprechen und Redepause 76
   11.7 Interaktionen zwischen Sprechen, Hören, Schweigen,
          Schreien, Weinen, Lachen und Redepause 77
12 Empirische Ergebnisse zur Stimmforschung in der
   Psychotherapie 83
   12.1 Der Ansatz von Grawe 83
   12.2 Der psychodynamische Aspekt der Stimme 86
   12.3 Der Ansatz von Streeck 89
   12.4 Der Ansatz von Buchholz 91

| 12.5 | Stimme und Bindungsstil | 92 |
| 12.6 | Stimme und Therapie der sozialen Phobie | 93 |

13 Die Bedeutung der Stimme im psychotherapeutischen Kontext ... 95

13.1	Die Stimme im Rahmen des radikalen Konstruktivismus	95
13.2	Die Stimme als Katalysator der Übertragung	98
13.3	Die Stimme in der Paartherapie	102
13.4	Die Stimme in der Familientherapie	106
13.5	Die Stimme in der Gruppentherapie: das Prinzip Antwort im Göttinger Modell	107
13.6	Die Stimme im Gruppentraining sozialer Kompetenzen (GSK)	110

14 Prosodie der Stimme und therapeutische Interventionen ... 113

14.1	Der Ansatz von Riemann	115
14.2	Der Ansatz von Geuter	117
14.3	Der Ansatz von Erickson	118
14.4	Der Ansatz von Clarkin, Yeomans und Kernberg	121
14.5	Der Ansatz von Kernberg und Kohut im Vergleich	123

15 Nach der Pflicht die Kür: Stimme, Sprüche und Aphorismen ... 128

TEIL II Die Selbsterfahrung und das Training der Stimme in der Ausbildung und im Beruf

16 Selbsterfahrung und Supervision der Stimme in der Praxis ... 135

16.1	Zum Einstieg: Leitfaden für die Supervision der Stimme der Psychotherapeut*innen	137
16.2	Übung zur Selbstwahrnehmung der Stimme	140
16.3	Übung zum Embodiment und zur Selbstwahrnehmung der Stimme	141
16.4	Basale Atemübung	143
16.5	Stabilisierung der Stimme mit Atmung	143
16.6	Körperhaltung und Stimme der Therapeut*innen	144
16.7	Selbsterfahrung der Wahrnehmung der eigenen Stimme	145

16.8	Selbsterfahrung der Stimme im Kontext von offener vs. strukturierter Gesprächsführung	146
16.9	Rollenspiel zur Stimme: Therapeut-Patient-Interaktion	148
16.10	Das Prinzip Antwort im Göttinger Modell	149
16.11	Feedback und Imaginationsübung mit VoceVista Video	150
16.12	Leitfaden für die Supervision der Stimme in der Gegenübertragung	152
16.13	Skalen zu rhetorischen Fähigkeiten in der Psychotherapie	155
16.14	Skala zur Stimme bei Psychoedukation und bei Vorträgen	158
16.15	Skala zu Stimme und Schweigen	159
16.16	Skala zu Stimme und Lachen	160
16.17	Skala zu Stimme und Pause in einem therapeutischen Gesprächsverlauf	161
16.18	Skala zu Stimme und Redepause für eine Therapiestunde	163
16.19	Skala zur Stimme im Gruppentraining sozialer Kompetenzen (GSK)	165
16.20	Skala zur Umbewertung der Stimme eines Gegenübers als Schallwellen	166
16.21	Skala zur Umbewertung der Stimme des Therapeuten als Schallwellen	167
16.22	Skala zu Stimme und emotionaler Ansteckung	169
16.23	Skala zu Stimme des Therapeuten und Abwehr	170
16.24	Skala zu Stimme des Patienten und Abwehr	172
16.25	Skala zur Stimme beim Gebrauch von Sprüchen und Aphorismen	174
16.26	Skala zur Kongruenz der vier Kanäle: Prosodie der Stimme, Mimik, Inhalt der Intervention und Körperhaltung des Therapeuten	175
16.27	Skala zur Bewertung der Stimme als Wirkfaktor in der Psychotherapie	178
16.28	Skala zu Stimme des Patienten und Selbstfürsorge des Therapeuten	180

16.29 Skala zur digitalen Identität des Therapeuten	181
16.30 Zusammenfassung der Ziele unserer Workshops	183
17 Ausblick für Forschung und Praxis	188
18 Fazit	192
Literatur	196

Vorwort

> Gib Worte deinem Schmerz: Gram, der nicht *spricht*,
> presst das beladne Herz, bis dass es bricht.
> (Shakespeare, »Macbeth«)

Zu den neuen Trends in Medizin und Psychotherapie zählen folgende Begriffe: Dr. Google, E-Mental-Health, internetgestützte Interventionen, virtuelle Realität, Therapie per Skype, YouTube-Therapie, Apps, Telematik, Telemedizin, Digital Health, iPatient, algorithmisches Selbst, digitale Senioren-Assistenzsysteme mit GPS, implantierte Chips zur Überwachung von Herz-Kreislauf-Parametern, Robotik in der Pflege, elektronische Patientenakte usw. Zudem werden Kurse in der Psychotherapieausbildung gegenwärtig häufig mit dem Titel »Wie werde ich ein guter Online-Therapeut?« angeboten. Der aktuellste Hype der Digitalisierung besteht darin, dass sich die Schweden Mikrochips unter die Haut der linken Hand einpflanzen lassen. So brauchen sie für ihre Wohnungs- oder Haustür keinen Schlüssel mehr, es genügt, die Hand an die Tür zu halten. Dieser Miniaturchip – klein wie ein Reiskorn – birgt ungeahnte Möglichkeiten für die Registrierung von Körperfunktionen. Was früher an einen James-Bond-Film erinnert hätte, ist jetzt Realität (Augsburger Allgemeine, 2018).

Diese Trends, die unsere Gesellschaft fundamental verändern werden, stoßen auf sehr unterschiedliche Reaktionen bei allen Beteiligten im Feld der Psychotherapie – sei es bei den Patient*innen oder Therapeut*innen. Einige Kolleg*innen unterstützen diese Entwicklungen, andere Kolleg*innen reagieren hingegen mit mehr oder weniger starker Somatisierung oder Flucht auf diese Trends (siehe dazu sehr detailliert und scharfsinnig das Schwerpunktthema *Digitalisierung* der Zeitschriften »Psychotherapeut«, 2018, und »Psyche«, 2019). Die aktuell hochgehandelte Telemedizin wird viel, aber nicht alles richten können: Sogar aus der Medizin kommen kritische Stimmen, etwa aus dem Fachbereich Orthopädie, wo die Untersuchung mit den Händen bei vielen Erkrankungen nach wie vor von entscheidender Bedeutung ist (Müller-Wohlfahrt, 2018). Viele Tagungen reagieren auf die digitalen Trends, etwa die ursprünglich geplante Jahrestagung der Milton Erickson Gesellschaft in Bad Kissingen (2020) unter dem Motto: »Die Geister, die ich rief: Bewusstsein und Beziehung im Zeitalter von Digitalisierung und KI« (wegen der Corona-Krise musste diese Tagung verschoben werden). Auch auf Kongressen gibt es Schwerpunktthemen mit Titeln wie: »Fluch und Segen der Digitalisierung in der Psychosomatik«.

Mein Anliegen mit diesem Buch ist, in den heutigen schnelllebigen Zeiten für einen Moment innezuhalten, um sich die Bedeutung der Stimme in der Psychotherapie zu vergegenwärtigen. Gerade in dem Hype einer digitalisierten und sich weiterhin digitalisierenden Gesellschaft darf das Training der Stimme im Studium sowie in der Aus-, Fort- und Weiterbildung nicht vergessen werden. Sonst würde man das Kind mit dem Bade ausschütten. *Psychotherapie ohne gesprochene Sprache?* Wäre dies wünschenswert? Es besteht dabei die Gefahr, dass über die Technisierung im Gesundheitswesen die Bereitschaft, mit den Patient*innen direkt zu sprechen, zurückgedrängt wird. Die Kommunikation mit den Patient*innen braucht Zeit und emotionale Zuwendung. »Das Gespräch als Therapie« lautet der Titel des in der Tradition von Hans-Georg Gadamer stehenden Buches von Hermann Lang (2000). In naher Zukunft werden junge aufstrebende Autor*innen, nennen wir sie Herr X oder Frau Y, ein Buch veröffentlichen mit dem Titel »Die Digitalisierung als Therapie«.

Ich folge gedanklich der am MIT lehrenden Psychologin Sherry Turkle (2019), die im Kontext der Entwicklung von »Empathie-Maschinen« – etwa einem sprechenden Roboter im Altenheim – dazu auffordert, uns Gedanken darüber zu machen, »ob wir uns eines Tages damit begnügen werden, kein menschliches Gegenüber mehr zu haben« (S. 741). Die Autorin verweist darauf, dass in absehbarer Zeit Maschinen über automatisierte Spracherkennungssysteme, wie etwa Siri, durchaus als »Psychiater« fungieren können. Patienten würden dann mit Maschinen sprechen. In Bezug auf unser Thema – die Stimme – kann ein Mensch solch eine Maschine abwerten, beleidigen oder sogar anschreien, ohne sanktioniert oder mit einem kritischen Feedback versehen zu werden. Die Maschine wird programmiert, mit einer gleichmäßig sonoren Stimme zu sagen:

»So beruhigen Sie sich doch mal. Sie sind ja ganz aufgeregt.« Es handelt sich hier um eine maschinell vorgetäuschte, somit illusionäre Empathie. Wollen wir diese »Empathie-Maschinen« (Turkle, 2019) in einem therapeutischen Kontext? Einige werden nach den Überlegungen von Turkle bei Pflege- und Altersheimen oder Krankenhäusern ohne Personal so argumentieren: »Besser dies als gar nichts!«

Dieses Buch stellt jedoch keine Ablehnung von Technologien in der Therapie, Pflege oder Forschung dar, denn ohne diese gibt es keinen Fortschritt. Wir brauchen dringend die Digitalisierung auf dem Land, in den Verwaltungen, Schulen, Hochschulen, der Bahn usw. Dies würde niemand ernsthaft abstreiten. Auch angesichts einer ansteckenden Epidemie oder Pandemie (Corona-Virus) ist eine Online-Beratung etwa bezüglich einer Krankschreibung per Skype ohne direkten körperlichen Kontakt notwendig, um die Arztpraxen oder die Kliniken zu schützen. Darüber hinaus wird sich unsere Arbeitswelt in den nächsten Jahren durch die Digitalisierung komplett verändern. Es gilt, sich auf diese Veränderung einzustellen. Alles richtig. Dennoch: Es darf ein Plädoyer dafür gehalten werden, dass in der Praxis persönlich gesprochen werden sollte und nicht nur schriftlich über PC, Apps oder Smartphone kommuniziert wird. Virtuelle Realitäten bei der Behandlung von Angststörungen sind effektiv, sollten aber stets in einen sprachlichen Kontext gestellt sein. Dies bedeutet natürlich auch, dass von den Entscheidungs- und Kostenträgern sichergestellt werden muss, dass für eine *sprechende Medizin, Pflege und Psychotherapie* nach wie vor genügend Raum, Personal und Geld zur Verfügung steht und dass die Patient*innen nicht nur an einen PC gesetzt werden oder ihnen ein Smartphone mit einer entsprechenden App in die Hand gedrückt wird. 2018 wurde auf dem Deutschen Ärztetag die Berufsordnung dahingehend geändert, dass unter bestimmten Umständen eine Fernbehandlung möglich ist, ohne den Patienten im direkten Kontakt untersucht zu haben – eine weitreichende Entscheidung, die in Zeiten des Ärztemangels auf dem platten Land natürlich Vorteile haben wird. Für die Psychotherapie gilt aktuell diese Entscheidung noch nicht. Auch wird von der Psychotherapeutenkammer eine Online-Supervision von Psychotherapeut*innen zumindest im Moment nicht zugelassen, von der Corona-Krise in 2020 abgesehen. Wir sind natürlich die Neandertaler von morgen. Vielleicht werden diese Einwände in naher Zukunft auch durch die voranschreitende Digitalisierung außer Kraft gesetzt.

Die Stimme der Patient*innen und die Stimme der Therapeut*innen können untersucht werden, genauso die Interaktion zwischen beiden Stimmen. Das ergibt hochkomplexe Muster. Ich konzentriere mich in diesem Buch im Wesentlichen auf die Stimme von Psychotherapeut*innen, berücksichtige aber auch die Stimme der Patient*innen. Das Buch enthält sowohl kasuistische Ausführungen als auch Hinweise auf empirische Forschungen. Technische Entwicklungen zur Messung der Stimme werden rezipiert; der Fokus liegt jedoch auf psychotherapeutischen Aspekten. Mir ist vollkommen klar, dass es einen hohen Zeitaufwand bedeutet, sich mit den empirischen Analysen von Gestik, Mimik und Stimme zu beschäftigen. Der Schwerpunkt dieses Buches liegt auf der Selbsterfahrung und Supervision der Stimme der Psychotherapeut*innen – ein Thema, dem bislang wenig Beachtung geschenkt wurde. Nach Durchsicht der Literatur und eigenen Umfragen als Lehrtherapeut unter Ausbildungskandidat*innen spielt die Stimme bei der Ausbildung in der überwiegenden Mehrzahl keine nennenswerte Rolle.

Betrachtet man die Prosodie der Stimme, stehen unbewusste, unwillkürliche Prozesse im Fokus. Sie laufen in der Regel automatisiert ab. Der Einfluss der nonverbalen Signale ist groß – so wie das, was gesagt wird, von großer Wirkung ist. Wie die Stimme von Psychotherapeut*innen in der Ausbildung trainiert werden kann, zeigen die Erfahrungen meiner Workshops. Das Ziel dieser Workshops ist ganz *basal*: nämlich dass die Therapeut*innen die Selbstwahrnehmung ihrer Stimme trainieren und ein Gefühl für die Prosodie ihrer eigenen Stimme bekommen – allein dies ist ein sensibles und anspruchsvolles Unterfangen, wie die Evaluation der von mir durchgeführten Workshops zeigt.

Wodurch ist dieses Buch in der Flut von Publikationen zu rechtfertigen? Zunächst geht es um ein aktuelles Plädoyer für die lebendige, nicht PC-gestützte Stimme in der Psychotherapie. Für die Untermauerung meines Plädoyers résümiere ich wissenschaftliche Arbeiten, die zeigen, warum die Stimme auch in einer digitalisierten Welt von Bedeutung ist. Zudem enthält das Buch als Neuerung viele Vorschläge, wie die Stimme von Psychotherapeut*innen in der Ausbildung trainiert und supervidiert werden kann. Mein fachlicher Hintergrund ist eine verhaltenstherapeutische und psychodynamische Ausbildung, kombiniert mit einem großen Interesse an der Hypnotherapie von Milton Erickson. Dementsprechend habe ich die Beispiele in dieser Ausbildungsperspektive integrativ ausgesucht. Ich konzentriere mich hier in jedem Fall auf die Erwachsenenpsychotherapie, denn für die Kinder- und Jugendlichenpsychotherapie wären andere Schwerpunkte zu setzen. Das Buch ist zwar im Rahmen der Arbeit mit angehenden Psychotherapeut*innen entstanden, es richtet sich aber interdisziplinär an alle Berufsgruppen, die sich im Gesundheitswesen stimmlich mit Klient*innen oder Patient*innen engagieren – sei es in der Medizin, Pflege, Sozialarbeit, Beratung, klinischen Arbeitspsychologie, im Coaching oder in der Psychotherapie.

Anmerkung: Mein Manuskript ist vor dem Ausbruch der Corona-Pandemie geschrieben worden. Es enthält kritische Anmerkungen zur Digitalisierung und Online-Nutzung. Es muss daher betont werden, dass natürlich im Rahmen einer Ausnahmesituation wie der Corona-Pandemie alle Möglichkeiten der Digitalisierung und Online-Kommunikation genutzt werden müssen.

Dieses Buch ist eine Ausarbeitung von fünf Workshops, die ich 2017 bei dem Symposium »Ressource Musik – Musiker im Mittelpunkt« am Campus Bad Neustadt des Rhön-Klinikums sowie 2018 und 2019 am Centrum für Integrative Psychotherapie (CIP) in München gehalten habe. Die Übungen zur Stimme und Selbstfürsorge entstammen den Workshops an der Akademie für Psychotherapie (AfP) in Erfurt 2017 und 2018. Den Teilnehmer*innen all dieser Workshops danke ich für ihr konstruktives Feedback. David Trachsler (Zürich), Fachpsychologe für Psychotherapie, ehemals Sprecher vom Schweizer Fernsehen SRF, danke ich für die wertvollen Diskussionen und seine weiterführenden Hinweise. Prof. Dr. Bernhard Strauß (Institut für Psychosoziale Medizin und Psychotherapie, Universität Jena) hat mich auf aktuelle Arbeiten zur Stimme aufmerksam gemacht, die an seinem Institut durchgeführt worden sind. Die Gesangspädagogin Henrike Rottmann (Bad Neustadt) gab mir wichtige Anregungen, für die ich mich herzlich bedanken möchte. Dr. med. Gregor Grzybowski und den Kolleg*innen aus meiner Sektion in der Psychosomatischen Klinik Bad Neustadt danke ich für ihre kontinuierliche emotionale und kompetente fachliche Unterstützung. Ich bedanke mich ganz herzlich bei Sandra Englisch und Ulrike Rastin vom Verlag Vandenhoeck & Ruprecht für ihre tatkräftige lektorische Unterstützung. Ganz besonders danke ich meiner Familie sehr herzlich für ihren stimmlichen Austausch beim gemeinsamen Essen ohne digitale Zutaten.

Lothar Schattenburg

Teil I
Theoretische Grundlagen

1 Ein-Stimmung

Sigmund Freud beschrieb die Psychotherapie als einen »Austausch von Worten« und er betonte dabei die »Zauberkraft« der Worte (Freud, 1890). Diese »Zauberkraft« muss heutzutage wieder aktiviert werden. Freud standen die modernen technischen Möglichkeiten (Tonband, Video, PC-gestützte Analysemethoden) noch nicht zur Verfügung. Textmitschriften zu kodieren (in puncto Lautstärke, Intonation, Pausen etc.), wäre Freud vermutlich auch nicht in den Sinn gekommen – als Homme de Lettres hätte er dies eventuell abgelehnt. Tonbandaufnahmen wurden erstmals von Carl Rogers im größeren Stil in der Gesprächspsychotherapie, später von der Ulmer Textbank in der Psychoanalyse durchgeführt. Die Stimme spielt sowohl im gesellschaftlichen Alltag als auch in der Kultur eine große Rolle. Schon der Volksmund weiß um die Prosodie der Stimme: »Wie man in den Wald ruft, so schallt es heraus.« Eine Stimme kann uns aufbauen oder uns runterziehen, sie kann passiv sein, aber auch suggestiv. Sie kann von charismatischen Rhetorikern zum Aufbauen von Ressourcen und Versöhnung (wie bei Nelson Mandela) oder zum Zerstören und Hetzen (wie bei Joseph Goebbels) verwendet werden. Je nach Musik- oder Literaturgeschmack hören wir Sänger oder Lyriker, um uns durch deren Stimme emotional beeinflussen zu lassen. Wir sind berührt von der Trauer der Stimme, von der guten Laune oder von der religiösen Transzendenz (beispielsweise in Chorälen). Schon in der Antike gab es Sänger, denen gottgleiche Eigenschaften zugeschrieben wurden (Spahn u. Richter, 2016, S. 55 f.). Die Stimmen aus der Opernwelt inspirieren uns: Hagedorn (2019, S. 40) erlebt in Anlehnung an Rainer Maria Rilkes Formulierung die Stimme der litauischen Sopranistin Asmik Grigorian in einer ganz bestimmten Situation als »weich, so weich wie die ›Innenseite von einer Frucht, die an der Luft verdirbt‹«. Dass das Singen hohe therapeutische Wirkungen hat und das Bindungshormon Oxytocin auslöst, ist in vielen Studien nachgewiesen worden (Bossinger, 2005; Stegemann, 2018). Kurzum: Stimme und Seele sind eng aufeinander bezogen.

Es liegt auf der Hand, dass die Stimme in der Psychotherapie ein zentrales Thema darstellt. Watzlawick, Beavin und Jackson (1969) haben in ihrer wegweisenden Kommunikationstheorie herausgearbeitet, dass jede Kommunikation einen Inhalts- und einen Beziehungsaspekt hat. In dieser Kommunikationsstruktur spielen nonverbale Elemente wie die Stimme eine wichtige Rolle. Ulrich Streeck (2004) betont, dass nicht nur die Mitteilungen von Bedeutung sind, sondern auch die Interaktionen zwischen Therapeut*innen und Patient*innen: »Mittel des Sprechens, wie Lautstärke, Tempowechsel, Unterbrechungen und Pausen oder die Sprachmelodie sowie die Konstruktion von Äußerungen, werden für die Regulierung der Interaktion eingesetzt« (2004, S. 52). Streeck formuliert eine Priorität, die es aus meiner Sicht zu relativieren gilt: »An erster Stelle steht Interaktion, nicht Erzählen« (S. 12). Das Erzählen hat – neben den Interaktionen – jedoch nach unserer Auffassung eine eigenständige therapeutische Wirkung: Der Patient kann über die Entwicklung eines Narrativs seine Identität stabilisieren, sich entlasten, Umdeutungen während der Verfassung der Gedanken beim Reden entwickeln usw. Erzählen ist immer auch Interaktion (S. 62), aber das Erzählen mit der Versprachlichung des Erlebens hat eine eigene Kraft (vgl. Boothe, 2011). Daher lautet meine These: Interaktionen *und* Erzählen sind wichtige eigenständige Wirkfaktoren in der Psychotherapie, die natürlich eng miteinander verwoben sind und gegenseitig aufeinander einwirken.

Unser Thema ist schulenunabhängig. Es ist in den letzten Jahren, vor allem durch die Leistung von Grawe, Donati und Bernauer (1994) sowie Wampold und Imel (2015), intensiv zum Vergleich der Therapieschulen geforscht worden, es gibt aber bis dato – soweit ich sehe – keinen systematischen Vergleich der Therapieschulen unter dem Gesichtspunkt der Stimme. Ich werde zeigen, dass der Stimme in der Ausbildung nicht die gebührende Bedeutung beigemessen wird: Die Gründe hierfür liegen im Zeitgeist der Digitalisierung, in der Onlinisierung von Medizin und Psychotherapie sowie im Personalmangel. In Städten, die von Abwanderung bedroht sind, können

Bildschirme die Basisfunktion in der psychotherapeutischen Versorgung unterstützen (Strauß u. Willutzki, 2018). Die Onlinisierung der Psychotherapie hat einen Nutzen, denn eine App oder internetbasierte Interventionen können einen psychotherapeutischen Prozess gewinnbringend unterstützen (Zwerenz, Schur, Wieling, Schattenburg u. Beutel, 2018). Dies gilt, wie schon betont, vor allem in der Corona-Krise.

Neben ökonomischen Aspekten dürfte die Attraktivität der Onlinisierung der Psychotherapie auch darin liegen, dass die Therapeut*innen schwierige Beziehungen für die Gegenübertragung wesentlich »angenehmer« gestalten können, wenn sie ein verkörpertes Selbst draußen lassen. *Verkörpertes Selbst* bedeutet in diesem Buch: Ein Therapeut sitzt mit seinem Körper einem Patienten mit seinem Körper direkt gegenüber – ohne die Kommunikation mit ihm über einen Computer oder Maschinen. Es dürfte wesentlich distanzierter sein, einen Borderline-Patienten mit onlinegestützten Interventionen zu behandeln als in einem klassischen Setting, in dem der Patient seine Wut auf den/die Therapeut*in direkt äußert, ihn/sie anschreit, wild projiziert, abwertet usw. Turkle zitiert ihre Ingenieurskolleg*innen vom MIT in Boston, die gern die Vokabel »reibungsfrei« benutzen, wenn es um die Förderung des Einsatzes von automatisiertem Kundendialog oder Patientenbehandlung mit Robotern geht (2019, S. 727). Ist die Therapie scheinbar »reibungsfrei«, können wir schwierige therapeutische Beziehungen besser abspalten.

Die Onlinisierung ohne körperliche Präsenz ist schon weit fortgeschritten. Dies kann praktische Gründe haben, um schlichtweg große Distanzen zu überwinden (USA–China), oder Prestigeaspekte, weil die Psychoanalyse in den USA stark an Bedeutung verloren hat. Darauf hat Turkle (2019) in ihrem für unsere Fragestellung sehr lesenswerten Artikel »Empathie-Maschinen. Der vergessene Körper« hingewiesen:

> »Viele Analytiker nutzen heute Skype oder FaceTime für Psychotherapie, Psychoanalyse und sogar für Lehranalysen (analytische Sitzungen mit Ausbildungskandidaten). Zunächst mag dies der Zweckmäßigkeit geschuldet sein; so tat sich für die klassische Analyse in China just zu der Zeit ein großer Markt auf, als er

in den USA zu schrumpfen begann. Behandlungssitzungen via Skype wurden zunächst als etwas hingestellt, das besser ist als nichts – wenn der Patient weit weg war, gab es keine andere Option –, doch schließlich wurden sie als eine Methode gerechtfertigt, die einfach besser sei und die analytische Interaktion von Zwängen und Hindernissen befreie« (S. 726 f.) Turkle fasst kritisch, traurig und resignierend zusammen: »Maschinenvermittelte Psychoanalyse hat mittlerweile den Nimbus der Normalität angenommen« (S. 736).

Angesichts dieser Entwicklungen darf ich dazu einladen, dass in der Psychotherapie die gesprochene Sprache weiterhin in einem direkten Kontakt mit einem Therapeuten gepflegt wird – also nicht nur über Internet, einen »sprechenden« Roboter oder Skype. Dieser Wunsch findet seine ethische Legitimierung schlichtweg im gesunden Menschenverstand, denn der Mensch konstituiert sich durch die Sprache – wie ein Blick in die Lehrbücher der anthropologischen Philosophie und Psychologie zeigt.

Dies bedeutet: Eine Psychotherapie ohne gesprochene Sprache dürfte dem Patienten nicht gerecht werden – ferner würde sie sich auch à la longue selbst abschaffen. Wir hätten dann im schlimmsten Fall nur noch Praxen und Kliniken mit Computern, von denen aus die Patienten online betreut werden würden. Das ist jedoch eine Zukunftsversion im Bereich des Möglichen. Kehse (2019) kommt in seiner Zusammenfassung auf sechs Programme zu Online-Anwendungen und zwei Smartphone-Apps. Die Arztvisiten in Kliniken werden heute schon häufig mit dem Laptop oder Tablet durchgeführt. Diesen Einsatz unterstütze ich vollumfänglich. Aber wir müssen auch darauf hinweisen, dass der unsichere Umgang mit diesen Geräten den Effekt haben könnte, dass das Anschauen der Patient*innen reduziert wird, weil die Ärzt*innen oder die Psycholog*innen just mit ihrem Laptop oder Tablet zu sehr beschäftigt sind. Die zu fördernde Digitalisierung der Krankenhäuser oder der Praxen hat im Rahmen der geforderten Schnelligkeit, der Dokumentationsanforderungen und der Vernetzung unbestritten viele Vorteile, *dennoch* sollte der Augen- und Ohrenkontakt sowohl in der somatischen Medizin als auch in der sprechenden Psychotherapie nach wie vor wichtig bleiben. Dies bedeutet im Alltag, dass ein kommunikativer Einsatz von Laptops und Tablets in den Kliniken und den Praxen auch trainiert sein will.

Die Pflege der Stimme in der Psychotherapie benötigt eine interdisziplinäre Haltung. Interdisziplinär bedeutet in diesem Zusammenhang eine Kooperation von Ärzt*innen, Psycholog*innen, Pflegekräften, Gesangspädagog*innen, Logopäd*innen, Körper-, Musik- und Kreativtherapeut*innen (Schattenburg u. Schuppert, 2017) und mit den Kulturwissenschaften (Kolesch u. Krämer, 2006). Diese gewünschte Kooperation ist anspruchsvoll und erfordert Kolleg*innen, die diesen interdisziplinären Esprit auch ausstrahlen und fördern können.

Im Folgenden konzentriere ich mich auf *einen* Faktor, nämlich die Stimme. Dies ist lediglich eine heuristische Reduktion – mit einem didaktischen Charakter, um ausgewählte Aspekte zu verdeutlichen. Natürlich steht die Stimme in einem hochdynamischen, mit vielen Wechselwirkungen versehenen Kontext von Körperhaltung, Mimik, Gestik, den Persönlichkeitseigenschaften, den Inhalten und den hochkomplexen Situationsparametern. Die Berücksichtigung all dieser Aspekte müssen wir im Hinterkopf behalten. Bei einer kasuistischen oder wissenschaftlichen Analyse haben wir es mit hochkomplexen Interaktionseffekten zu tun. Bei der Alltagsbewältigung sind wir jedoch zur Reduktion gezwungen und müssen den Verlust an Differenzierung in Kauf nehmen.

2 Zur Rezeption der Stimme in der wissenschaftlichen Literatur

Schaut man in das Sachverzeichnis der einschlägigen wissenschaftlichen Lehrbücher respektive Monografien zur Psychotherapie von namhaften Autor*innen, so kommt darin die Stimme schlichtweg nicht vor – und zwar bezogen auf alle Schulrichtungen: sei es nun Psychoanalyse, Tiefenpsychologie, Verhaltenstherapie, Mentalisierungsansatz usw. (Schattenburg, 2003; Allen, Onay u. Ataman, 2016; Herpertz, Caspar u. Mundt, 2007; Hiller, Leibing, Leichsenring u. Sulz, 2004; Leichsenring, 2004; Leibing, Hiller u. Sulz, 2003; Lutz, 2010; Margraf, 1999; Krause, 2012; Perrez u. Baumann, 2005; Strauß, Hohagen u. Caspar, 2007; Rudolf, 2006; Thomä u. Kächele, 2006a, 2006b, Wöller u. Kruse, 2010). Wurmser (1998) hat sehr detaillierte, minutiös dargelegte Behandlungssequenzen veröffentlicht, ohne darin auf die Stimme einzugehen, obwohl es zu seiner Zeit zumindest schon die Möglichkeit von Tonbandaufnahmen gab. Auch in dem 600 Seiten (!) starken Werk »Ärztliche Kommunikation« von Jana Jünger (2018) wird lediglich in einem Satz darauf verwiesen, dass die Stimme von Bedeutung ist. Im Lehrbuch von Revenstorf und Peter (2015) zur Hypnose in Psychotherapie, Psychosomatik und Medizin gibt es immerhin einen Hinweis auf die Stimmmodulation beim Autogenen Training mit hypnotherapeutischen Elementen. Dieser Hinweis dürfte nicht überraschen, wenn es um das Autogene Training geht. Auch Kernberg und Kollegen sind zwar offensichtlich sehr sensibilisiert für die Prosodie der Sprache, haben aber interessanterweise keine weiteren Studien zu diesem Thema vorgelegt. Caligor, Kernberg und Clarkin (2010, S. 81) zeichnen ein schönes Tableau:

> »In anderen Momenten setzt der Patient Übertragungen in Szene, ohne sich dessen bewusst zu sein. Wir denken hier an die in spezifische Verhaltenskorrelate des Patienten eingebetteten Objekt-

beziehungen – etwa den *Tonfall* [Hervorh. d. Verf.], in dem er spricht, seine Haltung, die er dem Therapeuten, aber auch seinen eigenen ›Äußerungen‹ gegenüber einnimmt, seine Körpersprache oder auch die ›Atmosphäre‹, die in der jeweiligen Sitzung herrscht. Um zu erkennen, was ›in der Übertragung‹ abläuft, schenkt der Therapeut nicht nur den freien Assoziationen bzw. dem Inhalt dessen, was der Patient sagt, Aufmerksamkeit, sondern auch den *nonverbalen Mitteilungen* [Hervorh. d. Verf.] sowie seiner eigenen Gegenübertragung.«

Wie dies nun empirisch erfasst werden kann, führen Caligor et al. nicht aus. Dies soll aber keine Kritik sein, weil auch diese Autoren, die sehr viel für die Objektbeziehungstheorie bei Borderline- und bei neurotischen Patienten geleistet haben, zur Reduktion bei ihren Forschungen gezwungen sind. Es handelt sich vielmehr um eine kollegiale, konstruktive Anmerkung meinerseits.

Wenn wir uns die oben zitierte Literatur anschauen, dann könnte man sagen: Die Stimme wird in wissenschaftlichen Arbeiten der Psychotherapie beschwiegen. Dies ist ein erstaunliches Phänomen, wenn man bedenkt, dass der Psychotherapeut – zumindest aktuell noch – überwiegend mit der Stimme arbeitet.

Dieses Forschungsdesiderat zeigt sich, auch wieder überraschenderweise, auf dem Feld der Selbsterfahrung und der Supervision. Ich habe ca. 80 Ausbildungsteilnehmer*innen der Psychotherapie befragt, ob in ihrer Ausbildung ihre Stimme einmal ein Thema gewesen sei, und überwiegend ein Nein als Antwort erhalten (Schattenburg, 2017, 2018, 2019). Schaut man in das Stichwortverzeichnis der aktuellen einschlägigen Supervisionsliteratur (Möller u. Lohmer, 2017; Hamburger u. Mertens, 2017), so kommt auch hier das Stichwort »Stimme« schlichtweg nicht vor.

Warum wird nun die Stimme in den oben zitierten Lehrbüchern und Monografien wenig rezipiert? Dies dürfte mehrere Gründe haben: In erster Linie läuft aktuell der Forschungsstrang über die Neurowissenschaften. Ferner berücksichtigt die Ausbildung zum Psychotherapeuten zu wenig die Nachbarwissenschaften Musik, Gesangspädagogik, Theater und Rhetorik. Hinzu kommt, dass die aktuell stark geförderte Digitalisierung und Onlinisierung der Medizin und Psychotherapie den wissenschaftlichen Fokus absolut vereinnahmen. Dies wird aus verständlichen Gründen durch die Corona-Krise natürlich noch einmal verstärkt. Ein weiterer Grund könnte sein, dass die aktuellen empirischen Ergebnisse zur psychologischen Stimmforschung in der Psychotherapie für eine größere Rezeption schlichtweg zu dünn sind. Auf diese Ergebnisse werde ich in den folgenden Kapiteln noch weiter eingehen.

Ferner habe ich die Erfahrung gemacht, dass es in der Supervision unangenehm sein kann, die eigene Stimme supervidieren zu lassen. Dies könnte Scham auslösen. Manchmal sind die Ergebnisse zur psychologischen Stimmforschung nur oberflächlich angedacht. Da lesen wir in den Lehrbüchern, dass bei der Wirkung einer Deutung »der Klang der Stimme eine Rolle spiele« (Geuter, 2015, S. 300). Aber wie wurde der Klang gemessen? Wie die Reaktion des Patienten? Und bei welchem Thema, das therapeutisch gerade bearbeitet wurde? Oder wir lesen, dass die Prosodie, Mimik, Gestik und Körperbewegung mit darüber bestimmen, ob die Behandlung für den Patienten heilsam wird (Geuter, 2015, S. 300). Aber bitte, *wie?* Empirische Forschung in der Psychotherapie mit modernen Erfassungsmethoden wie mit *Praat* ist noch relativ wenig präsent bei einem breiteren Publikum, oft nur in Form von Pilotstudien (siehe Kapitel 12). Praat kommt aus dem Niederländischen und heißt: die Rede, das Gesprochene. Es handelt sich dabei um ein PC-gestütztes Programm für phonetische Analysen. Es wurde von Paul Boersma und David Weenink am Institute of Phonetic Sciences an der Universität Amsterdam entwickelt. Die erste Windows-Ausgabe des Programms datiert von 1998. Mit Praat können akustische Analysen durchgeführt werden (in puncto Lautstärke, Tonhöhen, Grundfrequenzverlauf usw.).

Grawe betont schon 1998 (S. 310), dass die systematische Beachtung des nonverbalen Kommunikationsverhaltens der Therapeut*innen und seine gezielte Veränderung ein ausdrücklicher Bestandteil psychotherapeutischer Ausbildungen und insbesondere der Supervision sein sollte. Diese Anregung von 1998 habe ich jetzt, mehr als 20 Jahre später, in diesem Buch wieder aufgenommen (siehe Kapitel 16).

PS: Natürlich bedeutet der Umstand, dass die Stimme nicht im Sachverzeichnis von Lehrbüchern und Monografien aufgeführt ist, nicht automatisch, dass das Thema nicht im Text hier und dort behandelt wird. Bei Grawe (1998) gibt es beispielsweise sehr detaillierte Ausführungen zur Stimme, obwohl diese nicht im Stichwortverzeichnis gelistet ist. Insofern müsste die oben zitierte Literatur noch einmal im Detail geprüft werden.

3 Warum bleiben die Stimme und das Sprechen wichtig im digitalen Zeitalter?

Die Psychologin Leslie J. Seltzer und ihre Kollegen (2012) haben zur Bedeutung der Stimme ein interessantes Experiment durchgeführt – mit nachvollziehbaren unabhängigen und abhängigen Variablen: 68 Mädchen zwischen sieben und zwölf Jahren wurden einem psychologischen Stresstest unterzogen. Sie mussten 15 Minuten lang verbale und mathematische Aufgaben lösen – vor einem fremden Publikum. Die unmittelbaren Effekte wurden gemessen mit dem Trier-Stress-Test für Kinder. Nach dieser Stresssituation wurden die Kinder nach dem Zufallsprinzip in vier Gruppen eingeteilt. Die Mädchen der ersten Gruppe durften jetzt zu ihren Eltern gehen und 15 Minuten lang mit ihnen direkt sprechen. Die Mädchen der zweiten Gruppe mussten jeweils allein bleiben. Als Teilnehmerinnen der dritten Gruppe durften die Mädchen mit ihren Eltern telefonieren, während die der vierten Gruppe lediglich die Chatmöglichkeit mit den Eltern hatten. Vor und nach dem Test nahm die Forschungsgruppe den Mädchen Speichelproben ab, um die Cortisol- und Oxytocinwerte zu messen.

Das Hauptergebnis dieser Studie war: Die Interaktion mit den Eltern wirkte sich bezüglich der biologischen Parameter völlig unterschiedlich aus. Das Experiment konnte die Macht der Stimme deutlich nachweisen, denn das Chatten allein tröstet nicht befriedigend. Die Kontakt- und Telefongruppe zeigten ähnliche Reaktionen: Die Cortisolwerte schwankten kaum. Der sprachliche Austausch konnte die Kinder demnach beruhigen. Hinzu kommt, dass in diesen Gruppen gleichzeitig die Oxytocinwerte anstiegen. Die ungünstigsten Werte zeigten die Mädchen, die allein blieben oder nur mit ihren Eltern chatten konnten. Bei ihnen stieg das Cortisol, das Oxytocin sank sogar. Fazit dieses Experiments: Der Austausch per digitaler Kommunikation beruhigte die Kinder in keiner Weise, sondern zeigte im Gegenteil negative Effekte bezüglich des Cortisol und Oxytocin. Diese Ergebnisse leuchten mit gesundem Menschenverstand sofort ein, wird doch der Mensch – seit der Antike – als soziales und sprechendes Wesen betrachtet. Aber es ist schön, dass der gesunde Menschenverstand wissenschaftlich nachgewiesen werden kann.

Im Rahmen dieser Forschung wäre es interessant, den Bindungsstil der Kinder zu berücksichtigen. Wenn man diesen vor und nach dem Experiment unter dem Gesichtspunkt betrachtet, ob sicher gebundene Kinder andere Ergebnisse erzielen als unsicher-ambivalent gebundene Kinder, so könnten Erstere beim Chatten bessere biologische Parameter erzielen als Letztere (zum Bindungsstil s. auch Kapitel 12.5).

Altenmüller (2018, S. 60f.) referiert eine Studie mit Wiegenliedern, die ebenfalls das Stresshormon Cortisol im Fokus hat. Darin wurde der Cortisolspiegel vor und nach einem zehn Minuten langen Wiegenlied bei sechs Monate alten Säuglingen gemessen. Die überwachten Säuglinge wurden durch das Singen beruhigt, der Cortisolspiegel sank nach dem Wiegenlied. Bei den Säuglingen mit niedrigem Wachheitsgrad war aber der Cortisolgehalt vergleichsweise höher.

Im Rahmen der schon erwähnten Onlinisierung der Psychotherapie sind aktuell viele Studien am Laufen, die die therapeutische Allianz bei einer Online-Nachsorge untersuchen – ein Thema, das folglich aktuell »heiß« diskutiert wird (Zwerenz et al., 2018). Der Diskussions- bzw. Streitpunkt ist häufig, ob die therapeutische Allianz bei der Online-Therapie der therapeutischen Allianz bei einer herkömmlichen Therapie »ebenbürtig« sei. Sicherlich wäre es wünschenswert, bei zukünftigen Online-Studien vermehrt die oben genannten biologischen Marker wie Oxytocin und Cortisol hinzuzunehmen. Reagieren Patienten mit dem gleichen Anstieg von Oxytocin und der gleichen Reduktion von Cortisol in einem Setting mit gesprochener Sprache wie in einem Setting mit einer reinen Online-Nachsorge? Sollte dies der Fall sein, müsste das Konzept der therapeutischen Allianz in der Tat neu bewertet werden.

Wie wichtig und bedeutsam die Stimme ist, zeigt die Zusammenfassung von Spitzer (2003). Er betont, dass neben dem mütterlichen Herzschlag die mütterliche Stimme eines der Hauptbestandteile der intrauterinen Geräuschkulisse ist. Die Effekte der mütterlichen Stimme auf den Säugling wurden nach der Geburt in aufschlussreichen Experimenten untersucht. Spitzer fasst zusammen: »Das Ergebnis war eindeutig. Die Säuglinge stellten ihr Saugverhalten so ein, dass sie die *Stimme* [Hervorh. d. Verf.] ihrer Mutter öfters hörten, egal, ob sie hierzu öfter oder seltener saugen mussten« (Spitzer, 2003, S. 154 f.). Säuglinge bevorzugen also eindeutig die mütterliche Stimme – dies belegen empirische Untersuchungen. Ferner konnte gezeigt werden, dass Neugeborene auf Texte, die von der Mutter während der Schwangerschaft laut gelesen wurden, positiver reagieren als auf unbekannte Texte. Somit bevorzugen sie eindeutig das bereits »Gehörte«. Die Bedeutung dessen für die Bindungsentwicklung des Säuglings liegt auf der Hand. Weitere entwicklungspsychologische Ausführungen vor allem zur Stimme als erste Objekterfahrung mit der Mutter finden wir bei Leikert (2007). Er betont, dass die Stimme bei der Ichbildung eine wichtige Rolle spielt, da die »Stimme sowohl dem inneren Objekt wie auch der Erfahrung des Selbst erste Anhaltspunkte gegeben hat« (S. 483).

Decker-Voigt, Oberegelsbacher und Timmermann (2012, S. 112) beschreiben die Entwicklung des Säuglings im biologischen Detail: »Nach sieben Wochen weiter zur 19. Schwangerschaftswoche – spätestens ab der 24. zeigt uns der Ultraschall, wie das Kind ›hört‹ und auf akustische Reize reagiert. Ununterbrochen. Und ununterbrochen mehr differenzierend, weil das Corti-Organ voll funktionsfähig ist und Hörwahrnehmung anatomisch ermöglicht«. Und weiter: »Der Säugling ist bereits ein Virtuose des Paralinguistischen, wenn er den Stimmklang seiner Mutter aus Tausenden von Stimmen heraus erkennt. Jenseits des semantischen Wortsinnes spürt er in der Mutterstimme und den Stimmen anderer früherer Bezugspersonen deutlich emotionale Botschaften: ob er willkommen ist oder nicht, geliebt wird oder nicht, ob man sich für ihn interessiert oder nicht usw. Er experimentiert mit der eigenen Stimme, kommuniziert durch Lautieren und Lautmalen in einer Sprache ohne Worte« (S. 169).

Stegemann (2018, S. 81) weist darauf hin: Noch bevor Säuglinge im Alter von ca. sechs Wochen mit dem sozialen Lächeln auf Gesichter reagieren, zeigen sie das Lächeln als Reaktion auf akustische Stimuli, das heißt auf vertraute Stimmen der Eltern. Dies verortet Stegemann in einen evolutionären Kontext: Das Hören spielte damals für das Überleben eine zentrale Rolle. Es erlaubt sowohl die Einschätzung von Gefahren auf weite Distanzen (Gewitter) als auch das Kommunizieren über weite Distanzen (Trommel). Diese entwicklungspsychologischen Fakten zeigen einmal mehr die evolutionär tief verankerte Bedeutung der Stimme. Stegemann (2018, S. 86) schreibt, dass ab der 24. Schwangerschaftswoche von einer »auditiven Phase« gesprochen wird und dass sich spätestens ab der 28. Schwangerschaftswoche Reaktionen des Fetus auf sehr laute Geräusche nachweisen lassen. Das Gehirn des Fetus registriert nun Geräusche, Stimmen und Musik.

Ein weiteres Beispiel für die tiefe evolutionäre Bedeutung der Stimme gibt Altenmüller (2018) mit Verweis auf den Emotionsforscher Jaak Panksepp. Dieser hatte herausgefunden, dass Chill-Erlebnisse (Gänsehautgefühle) auf dem evolutionär alten biologischen Signalsystem der Trennungsrufe mancher Primatenarten beruhen. »Verlieren Mutter und Baby Sichtkontakt, bewirkt der sehnsuchtsvolle Trennungsruf der Mutter beim Baby das Aufstellen des Fells, was wiederum zu einer Erwärmung der Haut des Babys führt« (Altenmüller, 2018, S. 382). Dies ist ein schönes Beispiel dafür, wie die Stimme evolutionär die kommunikative Bindung aufrechterhält über wirkungsvolle physiologische Mechanismen. *Und auf die Aktivierung dieser biologisch tief verankerten Mechanismen, die auch uns Heutigen beeinflusst, wollen wir in einer digitalisierten Welt verzichten?*

Regine Heiland, eine Schülerin des einflussreichen Kommunikationspsychologen Schulz von Thun, referiert eine bemerkenswerte Studie aus den Jahren 2016/2017, in der die Bedeutung des Sprechens gezeigt wird (Heiland, 2018, S. 110 f.): Zwei Gruppen (101 Patienten) bekamen eine Magnetresonanztomografie im Rahmen einer allgemeinen Diagnostik. Die Gruppe-1-Patienten erhielten nach der Untersuchung ein Gespräch mit dem Radiologen und sollten zusätzlich einen Fragebogen zu ihren Ängsten, ihrer Befindlichkeit und zur Kompetenz des Radiologen ausfüllen. Im Gespräch wurde die Diagnose mitgeteilt und auf die Ängste der Patienten eingegangen. Der Radiologe hatte zuvor eine Fortbildung durchlaufen im Modul

»Aktives Zuhören« nach dem Ansatz von Schulz von Thun. Die Gespräche dauerten durchschnittlich ca. 3,8 Minuten. Die Gruppe-2-Patienten erhielten nach der Untersuchung kein Gespräch, keine Mitteilung des Befundes, aber den gleichen Fragebogen mit nach Hause. Die Resultate der zwei Gruppen unterschieden sich – wie zu erwarten war – signifikant voneinander. Aus den differenzierten Ergebnissen seien hier nur zwei hervorgehoben: Die Patienten der Gruppe 1 gaben im Vergleich zu denen der Gruppe 2 deutlich weniger Ängste an und schrieben den Radiologen eine höhere Kompetenz zu, was wiederum das Vertrauensverhältnis zum Arzt stärken dürfte.

Digitalisierung bedeutet zwangsläufig, dass die Stimme und das Sprechen durch Computer, Geräte und Roboter in hohem Maße normiert und kontrolliert werden. Durchaus verbunden mit konzedierten Vorteilen für die Patient*innen. *Aber es muss auch gefragt werden, ob wir durch diese digitale Normierung nicht etwas verlieren.* Der Gadamer-Schüler Hermann Lang (2000) betont, dass »sowohl der Therapeut wie auch der Patient das Gespräch nicht zu kontrollieren suchen, sondern sich auf das Gespräch so einlassen, dass sich dieses in seiner *Eigendynamik* [Hervorh. d. Verf.] entfaltet, damit Neues erscheinen kann und sich Fokusse ergeben, die weder Patient noch Therapeut präsent oder intendiert hatten« (S. 106). Freuds Grundregel der freien Assoziation wird in diesem Zusammenhang in Erinnerung gerufen. Lang beruft sich neben Freud auf Gadamer, der zur Psychologie eines Gesprächsverlaufs herausgearbeitet hat, dass keiner vor einem Gespräch weiß, was »herauskomme«, und dass das Gespräch seinen eigenen Geist habe. Folgerichtig fordert Lang mit Bezug auf Gadamer: »Indem also Therapeut und Patient die Führung des Gesprächs in gewisser Weise dem Gespräch selbst überlassen, kommen im Dialog Sachverhalte zutage, um die bislang weder Patient noch Therapeut wussten« (S. 106 f.).

Wenn wir an die Ergebnisse von Seltzer, Spitzer und Decker-Voigt zur Bedeutung der Stimme, an die Erkenntnisse von Heiland zum Sprechverhalten der Ärzte und an die von Gadamer beschriebene Eigendynamik von Gesprächen denken: Wollen wir dann ernsthaft eine Psychotherapie, die nur noch über PC, Avatare, virtuelle Körper, Apps, Internet, YouTube, virtuelle Realitäten und Skypegestützte Diagnosen Patient*innen behandelt? Natürlich erreicht man durch diese neuen Techniken mehr Menschen in kürzester Zeit, was das Ganze ökonomischer macht. Die Rentenversicherung und die Krankenkassen werden diese Forschung mit der Hoffnung auf Einsparungen sponsern, auch lassen sich mit Sicherheit therapeutische Effekte erzielen. Aber werden wir nicht auch wichtige Effekte verlieren, wenn wir auf die lebendige Stimme im therapeutischen Prozess im *persönlichen Kontakt mit den Patient*innen* verzichten? Wollen wir keinen Raum mehr dafür geben, dass sich die Eigendynamik eines Gespräches à la Gadamer entwickeln kann? Und sollen sich die Erfahrungen des Kindes mit der Stimme in früher Kindheit im Übertragungsgeschehen in einer verkörperten Interaktion nicht entfalten können? Unter »verkörpert« verstehen wir in diesem Buch, dass sich reale Körper stimmlich über das Sprechen im therapeutischen Austausch begegnen und keine virtuellen Körper.

Damit kein Missverständnis aufkommt: Meine Bedenken sind nicht gegen die Digitalisierung oder gegen die Anwendung von Technik in der Ausbildung und in der Forschung gerichtet. Die Algorithmen der künstlichen Intelligenz werden Diagnosen von somatischen und psychologischen Parametern sehr deutlich verbessern und Therapien erheblich unterstützen (Kehse, 2019; Mayer, 2019). Aber es geht um die Dosis: *Digitalisierung: ja, Digitalismus: nein.* Kein technisches Gerät und kein Roboter wird die *beruhigende empathische Stimme* des Pflegepersonals, eines Arztes oder einer Psychologin im persönlichen Kontakt ersetzen. Wenn kein Personal da ist, dann sind Tiere immer noch besser als Maschinen, wie in Altersheimen schon erfolgreich ausprobiert wird. Kein technisches Gerät, kein noch so ausgefeilter Algorithmus wird die Suizidalität abklären können ohne Augenkontakt und ohne Berücksichtigung der Stimme und der Körperhaltung der Patient*innen. Kein Roboter wird den für einen Patienten individuell stimmigen Spruch oder passenden Aphorismus mit einem guten Timing empathisch-unterstützend oder empathisch-ironisierend sprechen können (siehe dazu Kapitel 15). In Japan, einer rasant alternden Gesellschaft, ist aktuell der Pflegeroboter, der Nahrung bringt, der ultimative Hype. Es sei hierbei angemerkt, dass die Befürwortung von Robotereinsätzen in Japan grundsätzlich höher ist als z. B. in Deutschland.

Der Psychoanalytiker Michael Balint sprach zu Recht von der »Droge Arzt« und meinte damit die Wirkung der therapeutischen Beziehung. Die generelle Empfehlung lautet daher aus meiner Sicht: *In der psychotherapeutischen Praxis braucht man so viel Stimme wie möglich, in der Forschung so viel Technik wie nötig.* Mir geht es darum, dass wir mit der Digitalisierung nicht das Kind mit dem Bade ausschütten, also die Bedeutsamkeit und das Training der Stimme in der Psychotherapie vernachlässigen. Überall dort, wo im Gesundheitswesen digitalisiert wird (was ich vollumfänglich unterstütze), muss nach wie vor die Frage gestellt werden, ob es noch ausreichend Zeit für Gespräche, eine ruhige Aufklärung und intensive Beratung gibt. Ich möchte an dieser Stelle für die Bedeutung des Sprechens die schönen Anfangszeilen des Gedichts »Ihr Worte« von Ingeborg Bachmann zitieren:

»Ihr Worte, auf, mir nach!
und sind wir auch schon weiter,
zu weit gegangen, geht's noch einmal
weiter, zu keinem Ende geht's.«

Das Gedicht von Bachmann geht zwar in einer negativen Stimmung weiter, ich nehme mir aber die schriftstellerische Freiheit, diese Zeilen, in denen viel Energie steckt, symbolisch für die psychotherapeutische Ressourcenaktivierung und kompetenzstärkende Offenheit des Sprechens zu verwenden.

4 Technische Entwicklungen

Zur Stimmanalyse gibt es heute eine Vielzahl von PC-gestützten Programmen, die jeder für sich selbst anwenden kann. Beispiele für diese Software sind: Overtone Analyzer, Praat, Estill Voiceprint Plus, VoceVista Video (siehe Kapitel 16.11) oder WaveSurfer. Einen guten Überblick über die Technik gibt Kramer (2009). Diese Softwares bieten Unterstützung beim Gesangsunterricht und bei der Stimmbildung. Man bekommt ein visuelles Feedback von Formantenbildung, Tonhöhenumfang, Stimmspektrumdynamik und Tuning-Genauigkeit.

Auch kann man diverse Apps zur Stimmanalyse auf sein Handy herunterladen. Am einfachsten ist es, die eigene Stimme auf sein Handy aufzunehmen, diese sich dann selbst anzuhören oder von anderen in Bezug auf die Prosodie einschätzen zu lassen (vgl. Kapitel 16.8). Hier ist zu berücksichtigen, dass sich aus physiologischen Gründen die eigene Stimme grundsätzlich fremd anhört (siehe Kapitel 6 zum Abc der Stimme). Schmidt-Atzert, Peper und Stemmler (2014, S. 109) stellen ein Computerprogramm zur »Modellierung von Emotionen in Gesicht und Stimme« vor. Mit dessen Hilfe kann man eine Textnachricht mit Emotionen anreichern und anschließend von einem computeranimierten Gesicht elektronisch übermitteln lassen. Man legt dabei fest, welche Merkmale die Stimme haben soll (Tempo, Tonhöhe, Lautstärke). In Zukunft können so beispielsweise eigene Videobotschaften per Mobiltelefon verschickt werden. Der Nutzer digitalisiert sein Gesicht und gibt einen Text ein. So kann der Absender in einem ärgerlichen Ton sprechen mit einem dazu passenden Gesichtsausdruck. Nach der Digitalisierung wird das Gesicht mit der Stimme und der Mimik unterschiedlich ausgestattet und dann als Nachricht verschickt. Dies könnte therapeutisch genutzt werden im Rahmen von Mentalisierungsübungen bei Patient*innen, die Probleme mit der Kodierung der Mimik und der Mentalisierung der Stimme bei ihren Mitmenschen haben.

Die modernen technischen Hilfsmittel ermöglichen es der Polizei, die Stimme erfolgreich zu analysieren. Wenn es um die Identifizierung eines Erpressers geht, können die forensischen Phonetiker nicht nur einzelne Laute einer Bandaufnahme mit der Stimme des Verdächtigen abgleichen. Die Algorithmen sind auch in der Lage, typische Betonungen, das Tempo einer Stimme, den Dialekt oder die Sprechmelodie zu unterscheiden. Dafür reicht meist eine Vergleichsaufnahme von ca. 30 Sekunden aus.

Mayer (2019) fasst in seinem journalistischen Artikel »Keine Angst vor Dr. Data!« die großen Möglichkeiten der künstlichen Intelligenz mit ihren Algorithmen vor allem bei der Diagnosestellung zusammen. Er zitiert Forschungen, in denen automatische Dialogsysteme für das Smartphone entwickelt werden: »Sie sollen in der Lage sein, Veränderungen in Parametern wie *Sprechweise* [Hervorh. d. Verf.], Mimik und Zeiteinteilung im Alltag abzulesen. Ärzte könnten so früher als bisher erkennen, ob etwa ein Patient mit einer bipolaren Störung gerade dabei ist, von der manischen in eine depressive Phase zu wechseln oder umgekehrt, und therapeutisch gegensteuern« (Mayer, 2019, S. 67). Ob diese Forschungen die angekündigten psychotherapeutischen Resultate bringen werden, bleibt mit Spannung abzuwarten.

Vor allem in der Wirtschaftspsychologie interessieren sich die Forscher für die Stimmanalyse zur Optimierung der Personalauswahl (Stulle, 2018). In diesem Zusammenhang wurde das System *Precire* entwickelt. Es geht um die Frage, inwieweit sich aus der gesprochenen Sprache valide Schlüsse auf Persönlichkeitsmerkmale ziehen lassen. Die Proband*innen müssen eine 15-minütige Sprachprobe liefern. Hierzu werden ihnen am Rechner oder per Telefon bestimmte Fragen gestellt. Die Sprachprobe wird dann mit dem System *Precire* in Bezug auf folgende Merkmale analysiert: Wortkombinationen, Tonhöhe, Lautstärke usw. Diese zahlreichen Merkmale werden dann in Beziehung gesetzt zu Persönlichkeitsskalen wie Neugier, Leistungsbereitschaft usw. Die psychologische Fachwelt sieht diese Ergebnisse sehr kritisch (Kanning, 2018), weil die Validierungsstudien völlig unbefriedigend seien – vor allem in Bezug auf die prognostische Validität. Allerdings kann die weitere psychologische Forschung diese Skepsis durchaus relativieren.

An, Levitan, Levitan, Rosenberg, Levine und Hirschberg (2016) versuchen, auf der Basis von nur fünf Minuten eines Gespräches Menschen in die Big-Five-Kategorien einzuteilen. Die Big-Five-Kategorien sind prominenter Bestandteil der Persönlichkeitstheorie und gelten in der Psychologie als valide untersucht. Die Big-Five-Kategorien sind: Offenheit für Erfahrungen, Gewissenhaftigkeit, Geselligkeit/Extraversion, Verträglichkeit und Neurotizismus. Diese Einteilung würde nach Aussage der Forschungsgruppe um An mit einer höheren Wahrscheinlichkeit als Zufall aufgrund der Stimmanalyse möglich sein. Die Vorhersagewahrscheinlichkeit bestehe zwischen 6,4 und 19,2 % und sei damit größer als durch den Zufall vorhersagbar. Offenheit für Erfahrungen und Neurotizismus sei am besten vorhersagbar, Extraversion am schlechtesten. Zusammenfassend kann festgehalten werden, dass mit modernen Erfassungsmethoden versucht wird, über die Stimmanalyse valide Aussagen über Persönlichkeitseigenschaften zu treffen. Jemanden aufgrund eines Gespräches nur über die Stimmanalyse in die Big-Five-Kategorien valide einzuordnen, dürfte aber heute noch als bescheiden bewertet werden.

Der Journalist Felix Lill (2019) berichtet in seinem Artikel »Schönes neues Krankenhaus«, wie in Südkorea ein zukünftiges digitales Krankenhaus aussehen wird. Es geht um ein Krankenhaus der nächsten Generation. Lill zitiert einen Vertreter des Ministeriums für Wissenschaft und Informationstechnologie, der darauf verweist, dass das 5G-Internet sämtliche Bereiche revolutionieren wird, auch das Krankenhaus. Mit 5G soll die Geschwindigkeit von Datenübertragungen zehnmal so schnell sein wie in bisherigen 4G-Netzen. Für ein Krankenhaus bedeutet dies den Ausbau von virtuellen Krankenbesuchen. Angehörige lassen sich per Datenleitung als virtuelle 3-D-Kopie ins Krankenzimmer übertragen. Dies sei besonders von Bedeutung für Patienten, die in Quarantäne untergebracht sind, zitiert Lill den Psychiater Park Jin Young.

Kommen wir nun zurück zur Bedeutung der Stimme. Es wird möglich sein nach den Recherchen von Lill, dass bettlägerige Patienten durch verbale Eingaben ins Stimmenerkennungssystem

Nugu Licht und Temperatur im Raum regulieren sowie Pflegekräfte rufen können. *Nugu* ist das koreanische Äquivalent zum US-amerikanischen System *Alexa*. Diese technische Entwicklung ist positiv zu bewerten – allerdings immer eingedenk der Tatsache, dass es noch Menschen in diesem Krankenhaus geben wird, mit denen die Patient*innen verkörpert sprechen können. Wie soll der Quotient 5G zur verkörperten menschlichen Stimme in einem Krankenhaus aussehen? 80 % 5G zu 20 % verkörperte menschliche Stimme? Oder etwas »günstiger«? Dies führt uns philosophisch zu einem neuen Feld – nämlich zu einer *Ethik der Digitalisierung,* die wir hier nicht weiter verfolgen können. Angesichts der Corona-Pandemie im Jahr 2020 bekommen diese Ausführungen von Lill in Bezug auf ein »neues Krankenhaus« eine ganz neue Bedeutung. In diesem Kontext sind digitale Systeme zur Unterstützung der Behandlung absolut notwendig.

5 Gesellschaftliche Risiken des technischen Fortschritts

Aus sozialpsychologischer Perspektive zitiert Turkle (2015, S. 171) Forschungen, nach denen die Empathie unter College-Studenten in den USA in den letzten 20 Jahren stark abgenommen habe, gemessen mit standardisierten psychologischen Tests. Ferner gibt es ernstzunehmende empirische Hinweise, dass unsere Gesellschaft narzisstischer geworden sei (Spitzer, 2018, S. 20 ff.). Sollten diese Ergebnisse »stimmen«, dann könnte die Digitalisierung der Gesellschaft neben den ökonomischen Erfordernissen zum einen deswegen erfolgreich sein, weil sie schon auf eine »de-empathisierte« und narzisstische Gesellschaft trifft. Und zum anderen könnte die Digitalisierung gleichzeitig den de-empathisierenden Effekt verstärken. Ein weiterer Aspekt für den Erfolg der Digitalisierung könnte die Vereinsamung der Gesellschaft sein (Spitzer, 2018). Die Vereinsamten sagen sich: besser eine App oder ein sprechender Roboter als gar nichts! Diese Digitalisierungswünsche zur Bewältigung der Einsamkeit sind in hohem Maße zu würdigen.

In Bezug auf den Datenschutz ist Folgendes zu beachten: Jeder technische Fortschritt hat Vorteile, aber auch mögliche Nebenwirkungen. Neben den Möglichkeiten, die uns die Stimmanalysen in der Forschung und in der therapeutischen Praxis bringen können und auch werden, dürfen wir die Risiken nicht ausblenden oder sogar unterschätzen. Dies wäre ein großer Fehler. Durch die Revolution der künstlichen Intelligenz leben wir heute in einem anderen Zeitalter als noch vor ein paar Jahrzehnten. Ob der Datenschutz da mithält, darf trefflich bezweifelt werden. In diesem Zusammenhang fasst Wolfangel in einem sehr gut recherchierten journalistischen Artikel in »Die Zeit« (2019) die technischen Möglichkeiten zusammen und warnt auch im Rahmen des Datenschutzes vor den Gefahren. Psycholog*innen und Ingenieur*innen basteln mit der modernen

Technologie daran, wie sich Gefühle aus der Stimme ableiten lassen. Die Technik entwickelt sich rasant, immer mehr Menschen sprechen mit ihren Digitalgeräten, versenden entsprechende Nachrichten und erzeugen dabei riesige Datenmengen. Die Gefahr besteht darin, dass diese Daten abgegriffen werden, ohne dass die Absender es merken. Wolfangel berichtet, dass Amazon bereits ein Patent darauf angemeldet habe zu versuchen, Emotionen und sogar Krankheiten aus der Stimme »herauszulesen«.

In dieselbe Kerbe haut der Artikel »Wie unsere Stimme alles über uns verrät« im Tages-Anzeiger (2019), der in der Schweiz erscheint. Der Untertitel dieses Artikels lautet: »Die Stimmbiometrie identifiziert jeden Menschen – ob er will oder nicht. Auch die Swisscom setzt die Technik ein und wird deswegen kritisiert.« Gespräche mit einer Telefonhotline fangen üblicherweise mit Sicherheitsfragen an. Bei der Swisscom fällt (laut dem Artikel) dieses Ritual seit einiger Zeit weg: »Anrufer werden anhand eines sogenannten Stimmabdrucks identifiziert.« Ein Voiceprint erstellt einen individuellen Stimmabdruck, indem die Prosodie der Stimme (Frequenz, Aussprache, Akzent) gemessen wird. Viele Leute wissen jedoch nicht – so meine Befürchtung –, worauf sie sich einlassen, wenn flächendeckend die Stimmen aufgenommen und einer Stimmbiometrie unterzogen werden. Algorithmen könnten Rückschlüsse auf Krankheiten oder Persönlichkeitseigenschaften ziehen. In diesem Zusammenhang zitiert Turkle (2015, S. 301) Mark Zuckerberg, den Begründer von Facebook, mit den Worten: »Privacy is no longer a relevant social norm.« Dieses gegenüber dem Datenschutz völlig ignorante Zitat möchte ich nicht weiter kommentieren. Nach dem kleinen Exkurs zum Datenschutz, der mir aber sehr wichtig war, kehren wir wieder zu unseren Hauptthemen des Buches zurück: der Stimme und dem Sprechen. Dafür werden wir zunächst ein paar Grundbegriffe klären.

6 Das Abc der Stimme

In meinen Workshops (siehe Kapitel 16) habe ich die Erfahrung gemacht, dass viele Teilnehmer*innen keine ausreichenden Grundkenntnisse über die Stimme haben. Woher auch? Diese Kenntnisse werden in der Psychotherapieausbildung nach unseren Recherchen auch nur unzureichend vermittelt. Daher ist an dieser Stelle ein Abc der Stimme sehr hilfreich. Wir brauchen dieses Abc als Vorbereitung auf Kapitel 16, das auf Selbsterfahrung und Supervision fokussiert sein wird. Unter Abc verstehen wir die basalen Grundlagen, also was

Abbildung 1: Maske im Vatikan (Foto: L. Schattenburg)

die Stimme ausmacht und wie diese produziert wird. Das Wort »Person« kommt von *per-sonare*: durchklingen. Entscheidend für unser Thema ist die Prosodie der Stimme: Tonfall, Betonung, Rhythmus, Tempo, Klangfarbe, Lautstärke, Atmung, Artikulation usw. Im antiken Theater trugen die Schauspieler Masken, wobei deren Stimmen durch diese Masken tönten (siehe Abb. 1). Die Schauspieler mussten dabei vermitteln, wie die Figuren sich fühlen: wütend, traurig, verliebt usw. Dadurch entwickelte der Schauspieler eine Person (lat. *persona*: Wesen, Rolle, Maske).

Der emotionale Zustand einer Person lässt sich bis zu einem gewissen Maße über nonverbale Merkmale der Sprache erschließen – aber eben nur sehr begrenzt. Die Möglichkeiten, über die Stimme authentisch zu wirken, aber auch darüber sein Gegenüber zu manipulieren und zu täuschen, sind enorm. Wie sagt der Volksmund so treffend: »Außen hui, innen pfui« (siehe Kapitel 8 über die Mimik). Dabei spielen die durchschnittliche Stimmfrequenz, Stimmfrequenzvariabilität, Sprechgeschwindigkeit und Lautstärkenintensität eine wichtige Rolle; sie stehen dabei mit Stress und mit spezifischen Emotionen im Zusammenhang. Freude zeichnet sich beispielsweise durch signifikant hohe Werte auf allen diesen Parametern aus. Bei Traurigkeit sind all diese Werte hingegen niedriger. Die Komplexität der Prosodie einer Stimme lässt sich gut an der Lautstärke verdeutlichen. Die Lautstärke einer Stimme kann nämlich nicht automatisch die Freundlichkeit einer Person vorhersagen. Es gibt aggressive und kriminelle Menschen, die laut schreien. Es gibt aber auch aggressive und sehr gefährliche Menschen, die ganz leise sprechen. Diese Mischung aus hoher, gefährlicher Aggressivität und »bescheidenem« Auftreten mit leiser Stimme beherrscht meisterhaft der Schauspieler Christoph Waltz. Denken wir an seine Rolle des Bösewichts Blofeld im James-Bond-Film »Spectre«. Dann gibt es wiederum Menschen, die sehr freundlich und gutmütig sind, aber trotzdem laut schreien. Fazit: Die Kombinationsmöglichkeiten »Prosodie der Stimme« × »Persönlichkeitseigenschaften« sind vielfältig, je nachdem, wie fein wir die Prosodie der Stimme und die Persönlichkeitseigenschaften ausdifferenzieren und diese mit Situationsparametern verknüpfen. Es bedarf einer hohen und geschulten Mentalisierungsfähigkeit, lediglich aufgrund der Prosodie der Stimme auf die Gutmütigkeit respektive die Gefährlichkeit einer

Person zu schließen, wenn man von dieser entsprechenden Person keine weiteren Kenntnisse hat bezüglich ihrer Persönlichkeitsstruktur. Diese Mentalisierungsfähigkeit gibt es nur eingeschränkt. In Tabelle 1 sind die möglichen Zusammenhänge vereinfacht zusammengefasst:

Tabelle 1: Zusammenhänge zwischen Prosodie der Stimme und Persönlichkeitseigenschaften

Prosodie der Stimme	Persönlichkeitseigenschaft
leise	potenziell unangenehm resp. gefährlich
leise	potenziell gutmütig
laut	potenziell unangenehm resp. gefährlich
laut	potenziell gutmütig

Das Abc der Stimme besagt: Über die Stimme kommunizieren wir unsere Inhalte, Wünsche, Bedürfnisse, Ängste usw. Personen verhalten sich selbstreflexiv und intentional: Wir wollen uns nach innen selbst verstehen und nach außen handeln, kommunizieren, etwas durchsetzen und die Umwelt beeinflussen. Mit der Stimme können wir unsere Umwelt täuschen: Stimme und Absicht der Person können authentisch zusammenhängen, müssen aber nicht. Dasselbe gilt für den Selbstbezug der Person. Wir können mit der Stimme zu uns selbst eine authentische Beziehung haben, wir können uns aber auch selbst mit der eigenen Stimme täuschen. Dies gilt dann, wenn Abwehrmechanismen wie Dissoziation, Verdrängung, Verleugnung, Reaktionsbildung und Affektisolierung ins Spiel kommen. Ein Beispiel: Ich kann mit einer betont höflichen Stimme gegenüber einem/einer Kolleg*in im Sinne einer Reaktionsbildung meine eigene innere Aggression abwehren, die unbewusst sein kann. Diese Multifunktionalität der Stimme ist für die Psychotherapeut*innen tägliches Brot; sie wird uns in allen ihren Facetten im praktischen Teil des Buches im Kapitel 16 intensiv beschäftigen.

Die Stimme ist immer eingebettet in den Kontext eines Kommunikationsquadrates (Schulz von Thun, 2007). Der Kommunikationspsychologe Schulz von Thun betont in seinem einflussreichen Modell des Kommunikationsquadrates, dass jede Äußerung immer vier Botschaften gleichzeitig enthält, nämlich:

- eine Sachinformation (worüber ich informiere),
- eine Selbstkundgabe (was ich von mir zu erkennen gebe),
- eine Beziehungsbotschaft (was ich von dir halte und welche Beziehung wir miteinander haben) und
- einen Appell (zu was ich dich motivieren möchte).

Wir können das Kommunikationsquadrat von Schulz von Thun dahingehend ausdifferenzieren, dass zu jedem der vier Aspekte eine mehr oder weniger spezifische Prosodie der Stimme zugeordnet werden kann. Nachfolgend einige Beispielfragen: Informiere ich über eine Sache mit zu schneller oder zu langsamer Stimme? Spreche ich angemessen schnell oder angemessen langsam? Spreche ich angemessen tief oder angemessen hoch? Gebe ich etwas von meinem Seelenzustand wieder mit einer leisen Stimme? Signalisiere ich meinem Gegenüber mit einer schreienden Stimme, dass ich nichts von ihm halte? Möchte ich den Patienten mit einer ruhig-monoton-suggestiven Stimme zu einer Verhaltensänderung bewegen? (Dazu ausführlicher im Kapitel 16 zur Selbsterfahrung und Supervision.) Ferner ist untersuchbar, welche Prosodie der Stimme welche Botschaft eher fördern oder hemmen könnte. Dabei sind die komplexen Situationsparameter zu berücksichtigen. Möchte ich bezwecken, dass eine Sachinformation gut beim Gegenüber angenommen wird, empfiehlt sich keine schreiende, keine zu hohe oder zu laute Stimme. Ist meine Stimme bei der Selbstkundgabe zu leise, kann die Wirkung hoch, aber auch niedrig sein – je nach Situation. Wir fassen die mögliche Rolle der Stimme im Kommunikationsquadrat von Schulz von Thun in der Tabelle 2 hypothetisch zusammen, die es empirisch weiterzuentwickeln gilt:

Tabelle 2: Prosodie der Stimme im Kommunikationsquadrat von Schulz von Thun

Äußerung	Prosodie der Stimme	Wirkung
Sachinformation	schnell, langsam	hoch
Selbstkundgabe	leise, weinend	hoch/niedrig
Beziehungsbotschaft	leise, schreiend, grell	hoch/niedrig
Appell	monoton, ruhig, intonierend	hoch

Neben dem psychologischen Abc der Stimme dürfen wir die Aspekte der Phonologie, Physiologie und Anatomie nicht vergessen, weil wir auch auf diesen Feldern Grundkenntnisse als Psychotherapeut*innen im Beruf brauchen. Die Vermittlung derartiger Grundkenntnisse fehlen in den Curricula zur Ausbildung zum/zur Psychotherapeut*in. Es folgen daher dazu ein paar wichtige Angaben. Aus der heutigen Embodiment-Forschung (vgl. Storch u. Tschacher, 2014) wissen wir um die enge Verknüpfung zwischen Körper und Psyche. Alle Aktivitäten des Menschen, auch die geistigen, sind »verkörpert«. Dass dies natürlich ebenso für die Stimme gilt, liegt auf der Hand. Über 100 Muskeln sind an der Erzeugung der Stimme beteiligt. Körperhaltung, Atmung und physische Verfassung haben zudem einen starken Einfluss auf die Stimme. Die Stimme respektive das Schweigen erfasst nicht nur den eigenen Körper, sondern auch den des Patienten – und umgekehrt: Der Körper des Patienten beeinflusst dessen eigene Stimme und den Körper des Therapeuten.

Der Ton der Stimme entsteht dadurch, dass beim Ausatmen die Luft auf einen Widerstand trifft, nämlich die Stimmlippen im Kehlkopf. Dadurch kommt es zu Schwingungen, die wir als Ton hören. Der Sinuston wird als reiner Ton bezeichnet. Er stellt das einfachste Schwingungsmuster dar. Sinustöne entstehen durch periodische Druckschwankungen und sind durch die mathematische Sinusfunktion abbildbar. In der Umwelt kommen reine Töne nicht vor. Töne, die von einer menschlichen Stimme erzeugt werden, bestehen aus einem Grundton und Obertönen. Der Grundton einer Stimme bestimmt die wahrgenommene Tonhöhe. Die Obertöne kennzeichnen die Klangfarbe der Stimme. Jede Stimme hat eine eigentümliche Klangfarbe, auch Timbre genannt. Die Klangfarbe einer Stimme kann sein: hoch, tief, warm oder schrill. Man kann sie sich am besten dadurch vorstellen, dass man den gleichen Ton auf dem Klavier oder mit einer Trompete spielt.

Töne werden in Frequenzen gemessen. Der tiefste Anteil des Stimmklanges wird als Grundfrequenz $f0$ bezeichnet. Tendenziell geschieht Folgendes: Ein Anheben von $f0$ am Ende eines Satzes weist auf einen Fragesatz, starke Schwankungen von $f0$ und hohes Sprechtempo auf einen fröhlichen Satz sowie geringe $f0$-Schwankungen bei geringem Sprechtempo auf einen traurigen Satz hin. Aufgrund der unterschiedlichen Größe des Kehlkopfes und damit der Länge der Stimmbänder liegt die Tonhöhe des Grundtons für die männliche Stimme bei etwa 125 Hz und für die weibliche bei etwa 250 Hz. Kleine Kinder haben eine Tonlage um 440 Hz. Der Hörbereich des Menschen liegt grundsätzlich zwischen 20 und 20.000 Hz.

Der eigentliche Stimmton entsteht an den Stimmlippen im Kehlkopf. Dies bedeutet, dass für eine klare und tragfähige Stimme ein guter Stimmbandschluss und eine synchrone Schwingung im Kehlkopf unabdingbar sind. Ist dies nicht der Fall, hören wir ein Flüstern, eine Rauheit oder Heiserkeit. Darüber hinaus wird durch eine simultane Bewegung von Gaumensegel, Lippen, Zunge und Kiefer ein Klang und damit eine gute Artikulation produziert. Und diese Artikulation kann trainiert werden. Ferner ist die Körperhaltung für eine klangvolle Stimme wichtig: Körperliche Aufrichtung und eine ausgeglichene Muskelspannung sind Voraussetzungen für eine klangvolle Stimme (Richter, Echternach, Traser, Burdumy u. Spahn, 2017).

In puncto Supervision der Stimme sind für die Psychotherapeut*innen ein paar evolutionäre physiologische Grundkenntnisse sehr hilfreich. In der Evolution hat sich der Hörsinn als ein »Alarmsystem« entwickelt: Gutes Hören war für das Überleben absolut notwendig (Stegemann, 2018, S. 174). Das bedeutet, dass die Stimme des Therapeuten früheste evolutionär angelegte Reaktionsmuster aktivieren kann, wenn beispielsweise eine als hart erlebte Prosodie einer Stimme auf eine labile Persönlichkeitsstruktur eines Patienten trifft. Die meisten Therapeut*innen dürften in ihrer psychotherapeutischen Praxis diese Erfahrung gemacht haben. Wenn sie eine neue Gruppe von Patient*innen übernommen haben, mussten sie nur zwei Sätze sagen, die von der gefühlten Prosodie her ausreichen, um bestimmte Patient*innen zu labilisieren. Natürlich spielen hierbei Übertragungsphänomene eine Rolle, aber es kann hilfreich sein, sich den evolutionären Untergrund des Hörsinnes zu vergegenwärtigen.

An dieser Stelle die evolutionär-historischen Aspekte der Stimme weiter zu verfolgen, würde den Rahmen des Buches sprengen. Es sei jedoch auf das instruktive Werk von Kuckenburg (2016) hingewiesen, der sehr treffende Beispiele aus der vergleichenden Verhaltensforschung aufführt. Kuckenburg beschreibt z. B., dass der stumme

Fisch in Wahrheit keineswegs stumm ist, sondern mit Hilfe seiner Schwimmblase und anderer Körperteile *rhythmische Töne* [Hervorh. d. Verf.] erzeugen kann, die Signalcharakter besitzen (S. 28).

Der Musikjournalist Behrendt arbeitet detailliert und mit eindrücklichen akustischen Beispielen heraus, dass die Welt und das Universum voller Klang sind: Tiere, Pflanzen und Menschen produzieren Klang. Vor diesem Hintergrund ist nach Behrendt (2018) der Hörsinn wichtiger als das Sehen. Er verweist biologisch darauf, dass sich die dichteste und höchste Konzentration von Nervenzellen in der Hörschnecke des Innenohres befindet. Behrendt zitiert Menschen, die bei Taubheit oder Blindheit angaben, dass für ihr Leben der Verlust des Hörsinnes sehr viel gravierender gewesen sei als der Verlust der Sehfähigkeit. Seine Hinweise zeigen eindrucksvoll, wie Hörsinn und Stimme existenziell eng zusammenhängen. An dieser Stelle möchte ich auf das Kapitel 8 »Stimme, Mimik und Gefühle« vorgreifen, in dem im Gegensatz zu Behrendt herausgearbeitet wird, dass das Sehen dem Hören überlegen ist, vor allem in hohen Gefahrensituationen. In diesen gilt der Satz von Jacob Grimm: »Das Auge ist der Herr, das Ohr der Knecht.« Wir einigen uns an dieser Stelle darauf, dass es müßig ist, reduktionistisch entweder den Hörsinn oder den Sehapparat zu privilegieren. Hören und Sehen sind beides gleichwertige Wahrnehmungen unseres Organismus, die in Abhängigkeit von hochspezifischen Situationsparametern in unterschiedlicher Priorität gefordert sind und aktiviert werden müssen.

Zum Abc der Stimme gehört das Wissen, dass die eigene Stimme deswegen befremdlich klingt, weil der von den Stimmbändern erzeugte Schall über das Jochbein, den Unterkiefer und die Schläfe vom Knochen direkt zum Innenohr weitergeleitet wird. Die Klangfarbe wird dadurch verändert. Die Muskeln und das Gewebe dämpfen die Schwingungen. Dieser Effekt entfällt bei der aufgezeichneten Stimme. Ohne die Schwingungen im Kopf hört sich unsere eigene Stimme auf einmal ganz anders an, oft regelrecht fremd. Diese Information ist wichtig bei der Selbsterfahrung der eigenen Stimme, um mögliche Schamaffekte zu vermeiden. Nicht allen Teilnehmer*innen meiner Workshops war diese physiologische Information der Transportation der Stimme bewusst (siehe Kapitel 16.7).

Rein physikalisch gesehen produziert die Stimme erst einmal nur Schallwellen, die wir mit Bedeutung versehen. Dieser Sachverhalt hat für die Psychotherapie eine enorme Bedeutung, die ich im Kapitel 13.1 über »Die Stimme im Rahmen des radikalen Konstruktivismus« näher ausführen werde. Diese Sichtweise ermöglicht den Therapeut*innen nämlich, den Patient*innen eine Einstellungsänderung vorzuschlagen bezüglich Aussagen, von denen sie sich sehr gekränkt fühlen.

Des Weiteren gehören zum Abc der Stimme auch Grundkenntnisse in Anatomie und Physiologie. Zu diesen Grundkenntnissen sei auf die DVD von Richter et al. (2017) verwiesen. Mit modernen Untersuchungsmethoden wie Kernspin, Endoskopie, Hochgeschwindigkeitsglottografie und Stroboskopie wird darin die Stimme untersucht. Ferner könnte das Lehrbuch von Schneider-Stickler und Bigenzahn zur Stimmdiagnostik (2013) sehr hilfreich sein, ebenso die Monografie von Sendlmeier (2019) zur Sprechwirkungsforschung.

Zum Schluss dieses Kapitels muss noch ein wichtiges Detail erwähnt werden, das leider gern übersehen wird: Stimme hat auch immer etwas mit Akustik zu tun. Demnach sollte der Psychotherapeut in seinem Büro in der Klinik oder in seiner Praxis darauf achten, dass die Akustik gut ist, damit die Stimme nicht hallt. Auch innerhalb von Gruppenräumen muss die Akustik beachtet werden. Es gibt Gruppenräume vor allem in großen Kliniken, die zu sehr hallen.

7 Neurobiologische Befunde

In seinem Überblicksartikel zeigt Stoléru (2019) im Rahmen der neurowissenschaftlichen Forschung, dass jede Emotion (Freude, Angst, Wut usw.) mit einer speziellen neuronalen Signatur einhergeht, die sich aus der Aktivität mehrerer Hirnregionen zusammensetzt. So könnte in diesem Kontext die Hypothese aufgestellt werden, dass sich auch Prosodieprofile und -verläufe neurobiologisch abbilden lassen.

Die Stimme des/der Therapeut*in löst bei dem/der Patient*in Emotionen aus und wirkt damit direkt auf das limbische System mit den entsprechenden Aktivierungen von Neurotransmittern (z. B. Oxytocin, Dopamin, Serotonin) und Hormonen (z. B. Adrenalin), die angenehme Gefühle auslösen können, aber auch Angstgefühle – je nach Dosierung. Zum limbischen System gehören die Amygdala, der Nucleus accumbens sowie Teile des Hippocampus, der Gürtelwindung und des unteren vorderen Stirnhirns. Das Gehirn ist mit seinen Bestandteilen bereits in so vielen Publikationen abgebildet worden, dass wir hier darauf verzichten können. Eine Stimme entwickelt im Gehirn neuronale Verschaltungen, wenn diese entsprechend oft gehört wird. Levitin (2009, S. 309) beschreibt, wie er die Stimmen von Sängern aus Tausend anderen heraushören kann, wenn er diese nur oft genug gehört hat. Sein Gehirn speichert einfach das Timbre der Stimme ab. Zu detaillierten neurobiologischen Ausführungen über das Gehirn sei verwiesen auf Altenmüller (2018) und Stegemann (2018). Grawe (2004, S. 93) fasst die neurobiologische Erforschung der Amygdala in Bezug auf die Mimik zusammen:

»Zu den Reizen, auf die die Amygdala von Natur aus besonders stark reagiert, gehören ängstliche, wütende und ärgerliche Gesichter [...]. Das gilt sogar dann, wenn diese Gesichter nicht bewusst wahrgenommen werden [...]. Wenn man das Gesicht nur ganz kurz, für wenige Millisekunden, darbietet und gleich darauf einen deutlichen, länger anhaltenden Reiz präsentiert, wird das Gesicht gar nicht bewusst wahrgenommen. Man spricht dann von einer Maskierung des ersten, vorangegangenen Reizes. Wir können aufgrund dieser Befunde sicher sein, dass in einer Psychotherapie die Amygdala des Patienten auf jedes kleinste Zeichen von Ärger in der Mimik des Therapeuten reagiert, auch wenn dieser Gesichtsausdruck nur sehr kurz war und vom Patienten gar nicht bewusst registriert wurde. Solche nicht bewusst, aber verhaltenswirksam werdende Wahrnehmungen sind eine wesentliche Grundlage der nonverbalen Interaktionsregulierung in Therapien.«

Wir können davon ausgehen, dass diese Mechanismen, die unbewusst und unwillkürlich ablaufen, auch bei der Stimme Gültigkeit haben. Wie bei der Mimik dürfte die Amygdala über die Prosodie der Stimme in Nanosekunden eine bedrohliche Situation von einer harmlosen Situation unterscheiden: Wie klingt die Stimme? Gereizt, kalt, warm, schroff, nervös, traurig, ironisch, aggressiv usw.? Inwiefern Mimik und Prosodie der Stimme zusammenspielen, dürfte für deren Wirkung wichtig sein. Hier können wir die Kommunikationstheorie von Watzlawick et al. (1969) ins Spiel bringen. Die Autoren haben darin herausgearbeitet, dass jede Kommunikation einen Inhalts- und einen Beziehungsaspekt hat. Im Rahmen der Double-Bind-Theorie wurde beobachtet, dass der Inhalts- mit dem Beziehungsaspekt manchmal nicht übereinstimmt.

Es folgt ein Beispiel, wie derselbe Inhalt zwei unterschiedliche Beziehungsaspekte erfüllt. So könnte der Therapeut zum Patienten, der gerade durch eine Prüfung gefallen ist, sagen: »Kann es sein, dass Sie sich von mir nicht verstanden gefühlt haben, dass Sie sich jetzt von mir abgelehnt fühlen wie von Ihrem Vater?«

Hier kann nun die Stimme kongruent sein mit dem Gefühl der Empathie im Rahmen einer konkordanten Gegenübertragung: warm, ruhig, tief, beruhigend. Die Mimik ist dann empathisch. Die Stimme kann aber auch gereizt, ungeduldig und kalt werden über eine komplementäre Gegenübertragung in dem Sinn, dass der Therapeut sich bewusst oder unbewusst mit dem strengen Vater identifiziert. Denn der Therapeut ist auch verärgert darüber, dass der Patient durchgefallen ist, weil sich dieser in der Therapie zwar angestrengt hat, dem Therapeuten aber trotzdem keinen Therapieerfolg liefert. Diese unterschiedlichen Prosodien der Stimme würde die Amygdala des Patienten in Nanosekunden verrechnen, was Einfluss nimmt auf seine Übertragung auf den Therapeuten. Dies ist ein gutes Beispiel dafür, wie wichtig die Supervision der eigenen Stimme als Therapeut*in ist (siehe dazu den praktischen Teil von Kapitel 16).

Grawe hatte die Entdeckung der Spiegelneuronen von Rizzolatti in seinem Buch »Neuropsychotherapie« von 2004 aufgrund seines frühen Todes im Jahr 2005 leider nicht mehr rezipieren können. Rizzolatti veröffentlichte seine Ergebnisse zwar schon 1992 zu Makaken, aber erst 2010 gab es den direkten Nachweis von Spiegelneuronen beim Menschen (vgl. Rizzolatti u. Sinigaglia, 2018). Dabei handelt es sich um ein Resonanzphänomen. Spiegelneuronen sind Nervenzellen, die im Gehirn einer Person beim Erleben von Emotionen einer anderen Person neurobiologisch das gleiche Aktivitätsmuster zeigen wie bei der Person, in die man sich hineinversetzt hat. Erlebt man also bei einer Person beispielsweise Schmerz, dann wird das gleiche neuronale Muster »Schmerz« über die Spiegelneuronen bei einem selbst aktiviert wie das bei der anderen Person, die den Schmerz fühlt. Was bedeutet diese fundamentale Entdeckung nun für die Stimme?

Geuter (2015, S. 299) beschreibt die Bedeutung der Spiegelneuronen: »Signale aus der Stimme übertragen sich auf den Hörer. Als Medium der Kommunikation induziert die Stimme Stimmungen beim Hörenden, auch wenn sich dieser dessen gar nicht bewusst ist [...] Die Stimme scheint daher genau so wie das Sehen Spiegelneuronen zu aktivieren. Sie ist ein mächtiges Werkzeug der Affektansteckung.« In diesem Kontext der Spiegelneuronen zitiert Geuter eine Studie von Neumann und Strack (2000). Diese ließen Versuchspersonen Texte hören, die jeweils mit einer leicht traurigen oder leicht »glücklichen« Stimme gesprochen waren. Davon wurden die Versuchspersonen emotional angesteckt. Wenn sie die Texte wiedergaben, imitierten sie spontan den gehörten Ausdruck. Wurden die Versuchspersonen von der eigentlichen Aufgabe abgelenkt, minderte dies zwar das Verständnis der Texte, aber nicht die Ansteckung etwa durch die traurige Prosodie der Stimme. Die Autoren sprechen von Ansteckung über unbeabsichtigte Imitation. Bezüglich der emotionalen Ansteckung gibt Stegemann (2018, S. 141) ein weiteres klärendes Beispiel:

> »Die ›emotionale Ansteckung‹ könnte sich in einer Situation ergeben, in der jemand im Konzert sitzt und dem Decrescendo der Musik lauscht. Der traurige, einer menschlichen Stimme ähnelnde Klang eines Cellos, das eine langsame, im Legato vorgetragene, abfallende Melodie mit starkem Vibrato spielt, ruft in ihm die gleiche traurige Stimmung hervor, die sich auch in der Musik ausdrückt.«

Zur emotionalen Ansteckung gehört auch der Abwehrmechanismus der projektiven Identifikation, den die hochbegabt-spekulative Melanie Klein erstmals 1946 in ihrem Aufsatz »Bemerkungen über einige schizoide Mechanismen« (in Klein, 2015) beschrieben hat. Kernberg hat diesen Abwehrmechanismus in seinen Schriften im Detail ausgearbeitet. Dabei geht es darum, dass ein Patient es schafft, seine eigenen aggressiven Anteile unbewusst in den Therapeuten zu projizieren und diesen dadurch zu einem gewissen Verhalten zu verführen, was dann die Erwartungshaltung des Patienten wiederum bestätigt. Dadurch geht es dem Patienten deutlich besser, dem Therapeuten jedoch deutlich schlechter. Es wird vermutet, dass bei diesem oft schwer fassbaren Abwehrmechanismus die Spiegelneuronen eine wesentliche Rolle spielen – eben die der emotionalen Ansteckung. Die Spiegelneuronen bilden die neurobiologische Basis dafür, dass wirkungsmächtige Projektionen überhaupt erfolgreich sein können. Da diese Projektionen in der Regel unbewusst und in Nanosekunden ablaufen, sind sie schwer zu erfassen. Oft braucht es erst eine distanzierte Haltung in der Supervision, um solche Prozesse zu spüren und zu reflektieren. Bei den Projektionen kommt die Stimme dergestalt ins Spiel, dass der Patient über eine aggressive oder gereizte Prosodie seine entsprechend emotionalen Spannungen in den Therapeuten hineinverlegt. Als Beispiel: Der Patient sagt aggressiv und gereizt zum Therapeuten, dass er ihn als unempathisch und gleichgültig erlebt, woraufhin sich dieser auch so fühlt, obwohl er vor dem Kontakt mit dem Patienten seelisch in stabiler Verfassung war. Über die gereizte und aggressive Prosodie der Stimme des Patienten nimmt die projektive Identifikation Fahrt auf, die noch zusätzlich durch eine aggressive Mimik unterstützt werden kann. Dieser Mechanismus der Spiegelneuronen ist vor allem aus der Paardynamik bekannt: Der Ehemann kommt nach getaner Arbeit nach Hause und raunzt seine gutgelaunte Ehefrau mit einer gereizt-schrillen, hochfrequenten Stimme an mit dem Ergebnis, dass die Ehefrau spätestens nach zehn Minuten ebenfalls in eine gereizte Stimmlage verfällt, woraufhin sich der Ehemann deutlich entlastet fühlt, weil er nun seine aggressiven Spannungen in eine andere Person verlegt hat und sich vor allem bestätigt sieht in der Annahme, dass seine Frau schon die ganze Zeit gereizt und launisch war.

8 Stimme, Mimik und Gefühle

Folgt man dem heutigen Wissensstand, der sich aber schnell ändern dürfte durch die Fortschritte in der Neurobiologie und der künstlichen Intelligenz, zeigt die empirische Stimmforschung nach der Einschätzung von Geuter aus dem Jahr 2015 (S. 199), dass aus der Stimmqualität allein nicht mit Sicherheit auf den emotionalen Zustand eines Menschen geschlossen werden kann (siehe Kapitel 6 zum Abc der Stimme). Benachbarte Emotionen können mit dem eigentlichen Ausdruck verwechselt werden, beispielsweise heiße mit kalter Wut oder Verachtung mit Stolz. Die Einschätzung der Gefühlsqualität benötigt folglich mehrere Informationsquellen, vor allem via Interview, Testpsychologie und Beobachtung des Patienten auf mehreren Kanälen: Mimik, Gestik, Körperhaltung, Atmung und Prosodie der Stimme. Schmidt-Atzert et al. (2014, S. 108) fassen die Studie von Elfenbein und Ambady aus dem Jahr 2002 zusammen. Die Emotionen werden anhand der Mimik und der Stimme nach dieser Studie wie folgt erkannt:
- Ärger zu 73 % über die Mimik und zu 71,1 % über die Stimme
- Verachtung zu 51,3 % über die Mimik, zur Stimme keine Angaben
- Ekel zu 77,1 % über die Mimik, zur Stimme keine Angaben
- Angst zu 71,7 % über die Mimik und zu 63,7 % über die Stimme
- Glück zu 93,4 % über die Mimik und zu 46,4 % über die Stimme
- Traurigkeit zu 79,1 % über die Mimik und zu 70,3 % über die Stimme
- Überraschung zu 80,3 % über die Mimik, zur Stimme keine Angaben

In dieser Studie wird gezeigt, dass bei allen sieben Gefühlen die Mimik aussagekräftiger ist als die Stimme, bei drei Gefühlen (Verachtung, Ekel und Überraschung) gibt es überhaupt keine Hinweise auf die Stimme. Dass die Mimik der Stimme in Bezug auf die Identifizierung der Gefühle überlegen sein muss, liegt also auf der Hand. In Bedrohungssituationen muss ich in Nanosekunden die Mimik kodieren können, die Stimme ist dann erst einmal zweitrangig. Diesen Zusammenhang kennt schon der Volksmund: »Ein kurzer Blick sagt manchmal mehr als Tausend Worte.« Diese Weisheit gilt nicht nur für Bedrohungssituationen, sondern auch für positive Interaktionen. Sympathie kann oft über den Blick schneller ausgestrahlt werden als über die Stimme. Vermutlich ist es im Privat- und Berufsleben einfacher, über die Stimme sein Gegenüber zu täuschen, als über die Mimik, es sei denn, man verfügt über eine schauspielerische Ausbildung. Auf die komplexen methodologischen Forschungsprobleme kann hier nicht im Detail eingegangen werden, der Emotionsforscher Paul Ekman fasst den aktuellen Wissensstand aber für uns kurz zusammen: »In Anbetracht der Wichtigkeit der Stimme ist es bedauerlich, dass wir im Vergleich zur Mimik so wenig darüber wissen, wie sie Emotionen signalisiert« (2017, S. 86).

Der Psychologe Albert Mehrabian hat 1967 die »berühmte« 55-38-7-Regel aufgestellt. Diese besagt: 55 % der Wirkung unserer Ausstrahlung werden durch die Körpersprache bestimmt, das heißt Körperhaltung, Gestik und Augenkontakt. 38 % erzielen wir durch die Stimmlage und nur 7 % durch den Inhalt. Diese Regel gilt in der Forschung als äußerst umstritten, hat aber im Laufe der Zeit ein Eigenleben entwickelt und war von Mehrabian selbst gar nicht in dieser festgelegten Gültigkeit beabsichtigt und verstanden worden (Mehrabian u. Ferris, 1967). Auch hier wird die Regel nur zitiert, weil sie so berühmt wurde. Es dürfte methodologisch sehr schwierig werden, genau zu bestimmen, wie viel Prozent unserer Ausstrahlung auf nonverbale Aspekte (Körper, Mimik, Gestik, Stimme) entfallen. Trotzdem kann uns der Ansatz von Mehrabian heuristisch anregen, bei Kasuistiken genauer hinzugucken, ob die nonverbalen Aspekte dominant auftreten und einen unterschiedlichen Effekt auf die Ausstrahlung haben, ohne dabei aber eine präzise Regel aufstellen zu wollen. Ein Patient, der dominant-depressiv guckt und eine weinerlich-klagende Prosodie der Stimme hat, dürfte eine andere Ausstrahlung haben als ein Patient mit lachender Mimik und einer histrionisch-schrillen Prosodie der Stimme.

Zur Fragestellung, welche Effekte Stimme, Mimik und Sprachinhalte auf die Empathie haben, führten Regenbogen et al. (2012) ein aufwendiges Experiment durch. Sie haben die drei Kanäle Inhalt, Mimik und Prosodie systematisch variiert, wobei ein Kanal immer »neutral« gehalten wurde. Wir fassen das aufschlussreiche Experiment in Tabelle 3 zusammen:

Tabelle 3: Experimentelles Design von Regenbogen et al. (2012)

1. Inhalt, Gesicht, Prosodie und Emotion:	sind kongruent
2. Inhalt und Gesicht sind kongruent:	Prosodie ist emotional neutral
3. Inhalt und Prosodie sind kongruent:	Gesicht ist neutral
4. Gesicht und Prosodie sind kongruent:	Inhalt ist neutral

40 gesunde Versuchspersonen (19–52 Jahre alt) schauten 64 kurze, jeweils zwölf Sekunden dauernde Videoclips, in denen Schauspieler eine Geschichte erzählten mit ekelhaften, besorgten, glücklichen, traurigen oder »neutralen« Inhalten und ihre Emotionen über die drei Kanäle ausdrückten. Dabei mussten sich die Schauspieler gemäß dem experimentellen Design von Regenbogen et al. (2012) verhalten. So mussten sie etwa eine traurige Geschichte mit trauriger Stimme und traurigem Gesichtsausdruck vorlesen. Oder eine traurige Geschichte wurde mit einer neutralen Stimme präsentiert usw. Die Versuchspersonen wurden vor dem Experiment mit einer Alexithymieskala untersucht, um sicherzustellen, dass sie bei der Einschätzung der Emotionen keine größeren Defizite aufweisen. Nach jedem Videoclip sollten die Proband*innen sowohl ihre eigenen Gefühle als auch die der Schauspieler*innen bewerten. Inwieweit die Gefühle der Proband*innen mit den Gefühlen der Schauspieler*innen übereinstimmten, wurde berechnet und für die Einschätzung der Empathie verwendet. Ferner wurde der galvanische Hautwiderstand der Proband*innen gemessen.

Die »richtige« Kodierung der Gefühle ist in hohem Maße mitbeeinflusst von dem Gesichtsausdruck. Wird dieser Kanal neutral gehalten, ist die Empathie für das Gegenüber in hohem Maße über die Prosodie und den Inhalt herstellbar – gemäß den Ergebnissen dieser Studie. Sollten deren Ergebnisse replizierbar sein, so wären sie für unsere konstruktive Kritik an der digitalisierten Psychotherapie von Bedeutung, da dort die Mimik neutral gehalten wird. Es sei denn, wir kommunizieren über Skype, wobei offenbleibt, ob darüber eine ausreichende Kodierung der Mimik erfolgt. Auch Psychoanalytiker sitzen oft nicht streng hinter der Couch, sondern undogmatisch seitlich, um die Mimik berücksichtigen zu können.

Wir können das experimentelle Design von Regenbogen et al. (2012) für unsere Ausführungen dahingehend zusammenfassen: Die Versuchspersonen konnten sich umso besser in die Schauspieler*innen einfühlen, je kongruenter die drei Kanäle Mimik, Prosodie und Inhalt der Geschichten mit den gezeigten Gefühlen übereinstimmten. Dieses Ergebnis kann bei der Supervision der Stimme von Psychotherapeut*innen berücksichtigt werden unter dem Gesichtspunkt, inwieweit die Psychotherapeut*innen bei ihren Interventionen in ihrem Selbstausdruck kongruent sind (siehe Kapitel 16.26). Es sei hier kritisch angemerkt, dass »Kongruenz« ein hoher Anspruch ist. Wir verstehen unter Kongruenz eine mehr oder weniger gute Übereinstimmung zwischen den unterschiedlichen Kanälen, wobei diese Übereinstimmung in einem Korridor schwanken dürfte. Wie groß dieser Schwankungsspielraum innerhalb der Kanäle sein darf, um noch von »Kongruenz« zu sprechen, wird in der Selbsterfahrung und Supervision zu diskutieren sein.

9 Stimme und Körperhaltung der Patient*innen

In der Psychotherapie kann der Patient ganz unterschiedliche Körperhaltungen einnehmen: Er kann uns beispielsweise direkt gegenübersitzen, er kann auf der Couch oder bei der körperorientierten Psychotherapie auf einer Matte liegen. Jede Körperhaltung hat eine spezifische Bedeutung. Riemann (1982) beschrieb schon früh (in der 1. Auflage von 1974) sehr ausführlich die Bedeutung der Stimme, ohne diese aber weiter untersuchen zu können, weil die technischen Möglichkeiten damals noch nicht zur Verfügung standen und auch der empirische Esprit in der Psychoanalyse 1974 noch sehr bescheiden war. Riemann, der als Psychoanalytiker gearbeitet hat, beschreibt im Folgenden einen subtil von ihm beobachteten Aspekt, den wir bis jetzt noch nicht berücksichtigt haben: nämlich dass die Couch-Situation für die Stimme eine ganz andere Bedeutung haben könnte als die Face-to-Face-Situation, weil die Mimik und der Körper dabei »trockengelegt« werden:

> »Aber noch aus einer anderen Erfahrung heraus bestehe ich hier anfangs nicht auf der analytischen Situation: Bei diesen äußerst labilen Menschen weiß man ja nie, wie ein *gesprochenes Wort* [Hervorh. d. Verf.] ankommt, was es auslöst; und meiner Erfahrung nach ist ein Wort, in der analytischen Situation gesprochen, unendlich viel gewichtiger als ein im Gegenübersitzen gesprochenes – wohl deshalb, weil in der analytischen Situation der Therapeut einen zusätzlichen magischen und gleichsam Allmachtsaspekt hineinprojiziert bekommt, der seinen Worten, auch den von ihm aus gesehen harmlosen, oft eine ungeahnte Wirkung gibt« (Riemann, 1982, S. 61).

Dadurch, dass der Patient den Analytiker nicht sieht oder höchstens von der Seite, bekommt dessen Stimme ein ganz anderes Gewicht. Die Patient*innen könnten gefragt werden, wie sie die Stimme wahrnehmen und in welchem Ausmaß sie sich auf den Inhalt der Aussagen konzentrieren. Es könnte sein, dass in diesem Couch-Setting die Stimme der Therapeut*innen vermehrt frühkindliche Introjekte stimuliert, weil sie dadurch, dass Mimik und Körper »trockengelegt« sind, mehr Fokus auf die Amygdala bekommt, das Gehirn den Input (Mimik, Körper, Stimme, Inhalt) also unterschiedlich berechnen dürfte. Aber dies ist eine interessante Spekulation. Wichtig bleibt die Berücksichtigung der Stimme im jeweiligen Setting in der Psychotherapie, nicht nur in der Psychoanalyse.

Wir können nun hypothetisch zusammenfassen (Tabelle 4), dass die Stimme des Therapeuten von der Körperhaltung der Patienten abhängt. Sitzt und steht ein Patient mir gegenüber, habe ich als Therapeut mit der Prosodie der Stimme mehr Möglichkeiten (von weich bis hart), als wenn der Patient auf der Couch liegt und dadurch die Regression gefördert wird. Inwieweit die Körperhaltung die Stimme des Psychotherapeuten beeinflusst, könnte in empirischen Studien überprüft werden. Die folgende Tabelle ist so zu lesen, dass es bei der Face-to-Face-Behandlung natürlich Regressionen gibt, diese aber prinzipiell nicht besonders gefördert werden sollen wie etwa bei der Couch-Situation.

Tabelle 4: Körperhaltung der Patienten und Stimme des Therapeuten

Körperhaltung der Patienten	Stimme des Therapeuten	Regression
Face to Face	variabel	begrenzt
Familienaufstellung im Raum	variabel	begrenzt
Auf der Couch liegend	eingeschränkt	hoch
Auf einer Matte liegend	eingeschränkt	hoch

10 Stimme und Identität der Therapeut*innen

Die Ausbildungskandidat*innen müssen als Entwicklungsaufgabe im Rahmen ihrer Ausbildung eine berufliche Identität entwickeln. Dazu haben die Kandidat*innen in der Regel nach dem Medizin- oder Psychologiestudium ca. fünf Jahre Zeit. Hilfreiche Fragen auf der Suche nach der beruflichen Identität sind: Fühle ich mich eher als Verhaltenstherapeut, Tiefenpsychologe oder Systemiker? Arbeite ich lieber ressourcen- oder regressionsorientiert, arbeite ich lieber mit depressiven oder Angstpatienten usw.? Möchte ich lieber integrativ arbeiten? Habe ich ein Interesse an einem *bilingualen* Verständnis in meinem Ansatz? Das bedeutet, dass ich ein Richtlinienverfahren (z. B. Verhaltenstherapie) in ein anderes Richtlinienverfahren »übersetze« (z. B. Tiefenpsychologie). Zur Entwicklung der eigenen Identität gehört immer auch die Selbsterfahrung, auf die ich später im Kapitel 16 näher eingehen werde.

Der Psychiater, Psychosomatiker und Psychoanalytiker Gerd Rudolf hat ein handliches Büchlein geschrieben zum Thema der psychotherapeutischen Identität und nennt ein Kapitel »Gute Therapeuten statt richtiger Identitäten« (2016, S. 59 f.). Darin betont er, dass es nicht so wichtig sei, »alles richtig zu machen, die richtige Technik anzuwenden, im richtigen Verein Mitglied zu sein, sich auf die richtigen Autoritäten zu berufen« (S. 59). Die Verwendung des Wortes »richtig« dürfte von Rudolf in diesem Kontext ironisch gemeint sein, weil es »richtig« in der Psychotherapie nicht gibt. Aber folgender Zusatz dürfte nicht ironisch gemeint sein: Nach Rudolf gilt es nämlich, das zu leisten, was »nach dem aktuellen wissenschaftlichen Stand der Psychotherapie und unter ethischen Gesichtspunkten im Interesse der Patienten« (S. 59) möglich sei. Dieser Formulierung kann man in ihrer Allgemeinheit durchaus zustimmen, sie wird aber sehr schnell komplizierter, wenn man sie ausdifferenziert.

Denn: Was der »aktuelle wissenschaftliche Stand der Psychotherapie« bedeutet, dürfte nicht so einfach festzustellen sein, weil die Beantwortung dieser Frage berufs- und forschungspolitisch kontaminiert ist. Die Meinungen über *diesen sogenannten wissenschaftlichen Stand* der Psychotherapie gehen schon ganz erheblich auseinander. Man denke nur nach der Verabschiedung des neuen Psychotherapeutengesetzes im Jahr 2019 an die aktuelle Diskussion, ob Psychotherapie nach den gängigen Richtlinien unterrichtet werden soll (Verhaltenstherapie, Tiefenpsychologie, Psychoanalyse und systemische Therapie) oder nach einem Baukastensystem, das eher einen integrativen Ansatz favorisiert (vgl. Leichsenring et al., 2019). Im Detail führt die Diskussion jetzt an dieser Stelle unseres Buches zu weit, sie hat aber in Bezug auf die Frage nach der psychotherapeutischen Identität eine enorme Bedeutung. Die Aufgabe, innerhalb der Psychotherapeutenausbildung eine entsprechende Identität zu wählen und zu entwickeln, bleibt bestehen, auch wenn Rudolf den Druck herausnehmen möchte. Wichtig sei nach ihm ein guter Therapeut und nicht eine richtige Identität. Die Frage nach einer digitalen vs. stimmlich-verkörperten Identität der Psychotherapeut*innen stellt Rudolf in seinem Büchlein noch nicht. Dieser Frage wollen wir daher jetzt nachgehen.

Da die Digitalisierung und Onlinisierung in vollem Gange ist, wie bereits ausführlich beschrieben wurde, stellt sich heute im Jahr 2020 die Frage nach der Identität der Therapeut*innen, die es in der Ausbildung zu erwerben und in der therapeutischen Selbsterfahrung und Supervision zu fördern gilt, vollkommen neu. Folgende Aspekte wurden vor ca. zehn Jahren ohne die heutige Brisanz noch gar nicht berücksichtigt:

1. Verstehe ich mich als Online- bzw. digitaler Therapeut respektive digitale Therapeutin, der/die ohne körperliche Präsenz über Internet, Skype, SMS oder WhatsApp mit den Patient*innen kommuniziert? Wenn ja, in welchem Ausmaß? Eine SMS in einer Krisensituation als Ausnahme ist dabei sicher anders zu bewerten als eine Therapie, die sich grundsätzlich auf den Austausch von SMS stützt.
2. Verstehe ich mich als Online-Therapeut, der von Anfang an bei einer Behandlung den Patienten an die Digitalisierung heran-

führen möchte, um dann mit ihm hauptsächlich in dieser Atmosphäre zu arbeiten?
3. Verstehe ich mich – ganz in der klassischen Psychotherapietradition – als ein Therapeut, der mit körperlicher Präsenz und einer verkörperten Stimme seine Patienten behandelt, jegliche digitale Medien also außen vor lässt?
4. Verstehe ich mich als Therapeut, der einen Mix aus modernen Online-Techniken und klassischer körperlicher Präsenz mit verkörperter Stimme vornimmt? Wenn ja, in welchem Ausmaß?

Mit der Beantwortung dieser aktuellen Fragen werden völlig neue Anforderungen an die Ausbilder*innen und entsprechend an die Ausbildungskandidat*innen in der Psychotherapie gestellt. Ferner werden neue wissenschaftliche Studien auf den Weg gebracht, um zu erforschen, ob eine Online-Behandlung einer klassischen Behandlung mit einer verkörperten Stimme ebenbürtig ist. Wir können die Komplexität dieser Vergleichsstudien nur erahnen (Zwerenz et al., 2018). Bekanntlich führen viele Wege nach Rom, unterschiedliche Identitäten sind daher die Regel. Die Entstehung von diesen Identitäten bleibt im Verlauf von wissenschaftlichen und gesellschaftlichen Entwicklungen offen. Aber die Fragen bleiben: Für welche Identität entscheide ich mich, welche Identität möchte ich fördern? An der Berufsaufgabe, eine Identität zu entwickeln – wie auch immer diese dann aussehen mag –, kommen die Ausbildungskandidat*innen in der Psychotherapie nicht vorbei.

In diesem Buch favorisiere ich folgende Sichtweise: Der Therapeut sieht sich prinzipiell in seiner Identität mit einer körperlichen Präsenz und einer verkörperten lebendigen Stimme. Dies schließt natürlich Anwendungen der modernen Techniken nicht aus. In einer Krisensituation können zur kurzfristigen Hilfestellung Mittel wie eine SMS, eine E-Mail oder Kommunikation über Skype vollkommen sinnvoll sein. Bei der Behandlung während einer Epidemie oder Pandemie spielen digitalisierte Kommunikationsformen in jedem Fall eine große (und zeitweise die einzige) Rolle. Es geht grundsätzlich um die Dosierung und um die Kernidentität. Und in diesem Buch ist die Kernidentität »unserer Therapeut*innen« an eine verkörperte Stimme mit einem präsenten Körper gekoppelt. Ich möchte betonen, dass ich keineswegs die Kolleg*innen kritisieren oder sogar abwerten will, die als Online-Therapeut*innen forschen und behandeln. Auch bezüglich der Kernidentität gilt der alte, weise Spruch: »Jeder möge nach seiner Façon glücklich werden.« An späterer Stelle wird im praktischen Teil des Buches diese Problematik weiter vertieft (siehe Kapitel 16).

11 Nonverbale und verbale Elemente in der Psychotherapie

Die folgenden phänomenologischen Ausführungen brauchen wir als Grundlage für den praktischen Teil in Kapitel 16. Wir gehen dabei auf die *hochkomplexen Interaktionen* zwischen Stimme, Sprechen, Hören, Schweigen, Schreien, Weinen, Lachen und die durch den Therapeuten stimulierte Redepause ein. In den Tabellen 5 und 6 werden diese Interaktionen vereinfacht zusammengefasst.

11.1 Stimme, Sprechen und Hören

Der Medizinethiker Maio (2017, S. 152) fokussiert suggestiv auf den Zusammenhang von Sprache und Hören: »Ein Menschenbild, das vom Menschen als Hörendem ausgeht, ist völlig anders als ein Menschenbild, das ihn grundsätzlich als Sprecher und Macher sieht.« Maio kritisiert in seiner groß angelegten Phänomenologie und Rehabilitierung des Hörens, dass sich die Medizin heute zu wenig um das Hören kümmere. Das akustisch Aufgenommene füge sich nicht in die gängigen Mess- und Bewertungskriterien der Medizin, es werde schon von seiner Essenz her unterbewertet, ja geringgeschätzt. Das Sehen solle nicht gegen das Hören ausgespielt werden. Es geht Maios Ansicht nach darum, dem »hörenden Zugang zum Patienten seinen eigenen Stellenwert einzuräumen und diesen als einen ergänzenden Zugang neu anzuerkennen« (Maio, 2017, S. 8). Das Sprechen werde in der Medizin auf einen standardisierten Wortabtausch reduziert. Das Hören schaffe hingegen Geborgenheit. Beim Sprechen wiederum gehe es um Kontrolle, ums Eingreifen. Das Hören setze nicht primär auf Kontrolle, es lasse erst einmal zu, es tauche in den Klang der Sprache ein.

In Bezug auf unser Thema der Stimme arbeitet Majo sehr treffend heraus: »Wenn wir zuhören, hören wir nie das Wort allein, sondern wir nehmen über den *Sprachlaut des Wortes* [Hervorh. d. Verf.] die Gestimmtheit, die Gemütslage des Anderen wahr und erahnen auf diese Weise mehr von seinem Wesen, als uns die Worte selbst vermitteln können. In das gesprochene Wort mischt sich somit unweigerlich etwas Persönliches hinein, weil es schlichtweg keine nichtssagende Stimme gibt« (Maio, 2017, S. 20f.). Von Maio können wir uns dahingehend für die Psychotherapie inspirieren lassen, das Zuhören wieder ernster zu nehmen. Dieser Ansatz hat Auswirkungen auf die Ausbildung und Supervision von Psychotherapeuten, denn das Zu-Hören muss auch entsprechend trainiert werden (siehe Kapitel 16).

Maio muss an dieser Stelle ergänzt werden: Er unterstellt eine wohlwollende Prosodie des Hörens. Es muss aber auch darauf hingewiesen werden – vervollständigt man die Phänomenologie des Hörens –, dass es auch eine aggressive Komponente des Hörens gibt: z. B. wenn man unter Zeitnot eine Anamnese erhebt oder ein »inquisatorisches« diagnostisches Gespräch führt. Nicht umsonst sagt man in der Umgangssprache: »Das wollte ich hören!«

Wenn man Maios Ideen weiterdenkt, sollte uns die Digitalisierung in den Bereichen Medizin und Psychotherapie mehr Kapazitäten geben, um wieder besser zuhören zu können und dabei den stetig wachsenden Dokumentationsdruck zu verringern. Bei der täglichen Patientenvisite können wir schneller werden, weil wir nicht mehr in den Akten rumblättern müssen, sondern nur noch das Laptop oder das Tablet nehmen und alle Daten schnell auf einen Blick verfügbar haben. Dieser gewünschte Effekt der Digitalisierung in Form von mehr Kapazitäten bzw. Zeit ist nur zu begrüßen, aber: Ob wir am Ende wirklich mehr Zeit haben für die Patient*innen, darf kein frommer Wunsch bleiben, sondern bedarf der Überprüfung in der Praxis. Werden also die Ärzt*innen und Psycholog*innen bei der Visite nach der abgeschlossenen Digitalisierung der Krankenhäuser mehr mit den Patient*innen sprechen? Wir schlagen in diesem Zusammenhang folgende eigene Kasuistik vor:

Kasuistik zum Hören: Ein Patient berichtet, wie er völlig überraschend nach drei Jahren Beziehung von seiner Freundin verlassen wurde. Er ist tief gekränkt, er weint. In einer derartigen Situation steht das Hören des Therapeuten im Vordergrund: Er fragt nach, lässt den Patienten sprechen, unterstützt ihn dabei, seinen Schmerz zu formulieren:

> *»Gib Worte deinem Schmerz: Gram, der nicht spricht, presst das beladne Herz, bis dass es bricht.«* (Shakespeare, Macbeth)

Die Stimme des Therapeuten ist ruhig, eher leise, beruhigend, monoton, nicht suggestiv und hat wenig Intonationen. Es geht darum, über die Stimme Sicherheit zu erzeugen und den Patienten vertrauensvoll im Gespräch zu halten. Sobald der Patient spricht, hält der Therapeut sich zurück: hört ihm zu, unterstützt ihn dabei, über seine Gefühle zu sprechen, fragt behutsam, wie es wohl zur Trennung gekommen sei, ob er zuvor schon Signale wahrgenommen habe usw. Der Therapeut gibt in dieser Situation eines ziellosen Zuhörens keine Deutung, keine Konfrontation, keine Anregung zur berühmten kognitiven Umstrukturierung. Er lässt Pausen zu, lässt den Patienten weinen und trauern.

Dies ist eine Situation, in der wir nicht sofort in die Ressourcenaktivierung einsteigen (vgl. Schmidt, 2004), sondern eine Regression zeitweilig therapeutisch zulassen. Denn jetzt braucht der Patient zunächst einmal Entlastung und Schutz vor Anforderungen. Würde man eine derartige Therapiestunde als Video aufnehmen, dann müsste sich das Hören quantitativ deutlich erhöht gegenüber dem Sprechen abbilden lassen (vgl. Tabellen 5 und 6, S. 76 f.).

Wir wissen aus Studien, dass Ärzte bei Visiten durchschnittlich sieben Minuten mit den Patienten sprechen, sich sogar bei der Übermittlung von schweren Diagnosen oft nur wenig Zeit nehmen – das (Zu-)Hören einfach ausblenden (vgl. Heiland, 2018). Bei einer medizinischen Visite sind jedoch nonverbale Aspekte von hoher Bedeutung (vgl. Roter, Frankel, Hall u. Sluyter, 2006) – wie sollte es denn auch anders sein? Die Patient*innen gaben im Nachhinein stets eine höhere Zufriedenheit an, wenn der Arzt sie längere Zeit angesehen und nicht nur in die Krankenakte respektive heutzutage in den Laptop oder in das Tablet geschaut hat. Ebenso haben nonverbale Aspekte wie Vorwärtslehnen und Kopfnicken im Zusammenhang mit einer zugewandten ruhigen Stimme eine positive Wirkung auf die therapeutische Beziehung. Diese Ergebnisse dürften niemanden überraschen.

11.2 Stimme, Sprechen und Schweigen

Jeder kennt folgende Weisheit aus dem Volksmund: »Reden ist Silber, Schweigen ist Gold.« Sprechen und Schweigen sind zwei Seiten einer Medaille, diese hat ihre ganz eigene Psychodynamik und spielt deswegen in der Psychotherapie eine große Rolle. Die Dialektik zwischen Sprechen und Schweigen besteht darin, dass wir uns im Schweigen offenbaren und im Sprechen verbergen. Freud hatte die Vorstellung, dass sich Hinweise auf das Unbewusste ergeben, wenn der Patient beim freien Assoziieren ins Stocken gerät. Ferner empfahl Freud, die Übertragung nicht anzusprechen, solange der Patient frei berichtet. Der Psychoanalytiker Theodor Reik begründete 1927 das Schweigen in seinem einflussreichen Aufsatz zur psychologischen Bedeutung des Schweigens damit, dass der Patient bisher zurückgehaltene Einfälle bringt und neue Geständnisse macht (zitiert nach Racker, 2017, S. 44 f.). Wollen wir in einer digitalisierten Psychotherapie mit Computern, Robotern und Smart-Geräten auf diese Dynamik von Sprechen und Schweigen, in der wichtige therapeutische Prozesse ablaufen, verzichten? *Kann die digitalisierte Psychotherapie die oben erwähnte Dialektik zwischen Sprechen und Schweigen überhaupt abbilden?*

In früheren Zeiten tiefenpsychologischer Ausbildung wurde oft noch geschwiegen, z. B. in einer Gruppensitzung, bis jemand anfing zu sprechen – teilweise bis zu 30 Minuten lang oder sogar noch länger. Dies hatte einen ideologischen Grund, nämlich die Annahme: Erst im Schweigen zeigt sich das Unbewusste. Heute gilt diese Haltung als obsolet. Kernberg beispielsweise empfiehlt dem Analytiker vielmehr, so aktiv wie möglich zu sein. Analysieren wir psychotherapeutische Prozesse, so kann das Schweigen durchaus eine positive Wirkung haben, vielleicht eine sinnvolle Regression stimulieren. Aber das Schweigen darf nicht ideologisch eingesetzt werden, um einer Chimäre des Unbewussten nachzujagen. Ich selbst lasse in Gruppen höchstens ein paar Minuten schweigen, wenn die Gruppe nicht selbst aktiv wird. Dann spreche ich das Schweigen aktiv an und kann dadurch den Prozess zeitlich angemessen in Gang bringen, etwa mit den Fragen: »Wie geht es Ihnen mit dem Schweigen?« Oder: »Was geht Ihnen gerade durch den Kopf, wenn Sie schweigen?« Mit diesen Fragen habe ich sehr gute Erfahrungen gemacht. Auch wenn ich das Schweigen begrenze, lasse ich es trotzdem immer wieder auch bewusst zu, weil sich gerade im Schweigen bestimmte psychotherapeutische Dynamiken entwickeln. Betrachten wir beispielsweise Gespräche über das Telefon, die heutzutage in der Psychotherapie in bestimmten Kontexten als übliche Kommunikationsform gelten. Diese Kommunikationsform via Telefon verfügt natürlich über ganz eigentümliche Merkmale. Unter dem Gesichtspunkt des Schweigens hat Thorwart (2019, S. 865) eine dieser Eigentümlichkeiten herausgearbeitet: »In beiden Fällen handelte es sich um Patienten, die während der analytischen Therapie ihren Wohnort wechselten (in einem Fall sehr abrupt wegen einer familiären Trennung, im anderen Fall wegen der Aufnahme eines Studiums mit Wochenendheimfahrten). Die Stunden erfolgten telefonisch in einem zuvor vereinbarten Setting. Erstaunlich war, wie viel schwieriger es ist, am Telefon zu schweigen – immer wieder mussten wir uns versichern, dass wir noch da bzw. verbunden sind.«

Dieses Zitat zeigt sehr schön, dass das Schweigen an eine leibliche Person in einer lebendigen Therapeut-Patienten-Interaktion geknüpft ist und entsprechende Reaktionen auslöst – in diesem Fall ein Sich-Vergewissern der Anwesenheit des Gegenübers. So dürfte bei einer internetgestützten Intervention die psychodynamische Rolle des Schweigens vollkommen unter den Tisch fallen. Die Komponenten Reden, Schweigen, Stimme und leibliche Präsenz des Therapeuten bilden eine Einheit mit hoher Emotionalität, die therapeutisch produktiv genutzt werden kann. Die Psychologin Turkle (2019, S. 730) führt subtil aus, dass »es natürlich oft gerade die Momente sind, in denen wir dahin stolpern oder *schweigen* [Hervorh. d. Verf.], durch die wir einander am meisten von uns offenbaren. Wenn wir das Schweigen oder die ›langweiligen Stellen‹ nicht aushalten können, verlieren wir einander«. Das Schweigen hat eine eigentümliche Prosodie: Es kann leise, aber auch laut sein. Wünsch und Lehmann (2019, S. 011) zitieren im Kontext von Klangwelten den tiefsinnigen

Satz: »Lauter kann Stille kaum klingen.« Ich rezipiere zur Verdeutlichung dieses Sachverhalts eine Kasuistik der Klein-Schülerin Segal:

Kasuistik zum Schweigen: Hanna Segal (2013, S.156 f.) hat in ihrer Einführung in das Werk von Melanie Klein das Schweigen betrachtet – aus objektpsychologischer Sicht. Sie beschreibt darin eine Patientin, die schon verschiedene analytische Behandlungen hinter sich hatte und die an ihrem hartnäckigen Schweigen gescheitert sei. Segal deutete es zunächst als eine Art der Kommunikation und erklärte der Patientin, sie wolle damit sie, die Therapeutin, spüren lassen, was es heißt, abgeschnitten und zur Kommunikation unfähig zu sein. Später, als die Patientin (im Sinne von Melanie Klein) an der Schwelle zur depressiven Position stand, erklärte Segal der Patientin, sie wolle sie, die Therapeutin, spüren lassen, wie es ist, wenn man ein lebloses inneres Objekt hat. Dieses leblose innere Objekt sei sie selbst: die Patientin auf der Couch. Die Patientin versuchte daraufhin im Sinne einer projektiven Identifikation, dass die Therapeutin sich schuldig und hilflos fühle, weil sie nicht wisse, wie man die Patientin wieder zum Leben erwecken könne. Segal beschreibt, dass das Schweigen der Patientin im Verlauf der Behandlung sehr viel aggressiver geworden sei. Diese Beobachtung von Segal untermauert die These, dass auch das Schweigen eine Prosodie hat, einen Klang, ein Timbre – nicht nur die Stimme.

Segal gab der Patientin folgende Deutung: Dass sie in ihr, der Therapeutin, ein Gefühl des Scheiterns und der Unzulänglichkeit hineinprojiziere, geschehe aus zwei Motiven: Nach Segels Interpretation wolle die Patientin diese Gefühle aus ihrem eigenen Inneren loswerden und sie – teils aus Rache, Nichtwahrnehmung und Neid – in die Analytikerin hineinverlegen. In jeder dieser schweigsamen Situationen schloss sich aber damit ein Circulus vitiosus: Denn die in die Therapeutin projizierten qualvollen Empfindungen lösten bei der Patientin die Angst aus, dass die Therapeutin diese wieder in sie, die Patientin, zurückschieben könnte, wodurch ihr Schweigen auch einen abwehrenden Aspekt bekam. Nämlich: nicht sprechen, damit die Therapeutin nicht durch Deutungen in sie eindrang. Segal betonte, dass auch dieser Prozess wiederum gedeutet werden musste. Im späteren Verlauf der Behandlung, insbesondere als das Schweigen der Patientin einen aggressiven bzw. abwehrenden Charakter gegen bewusstseinsnahe

Zusammenhänge angenommen hatte, blieb Segal für längere Zeiten stumm. Der Patientin sei durchaus bewusst gewesen, warum die Therapeutin jetzt auf ihr Schweigen anders reagierte als früher, denn eines Tages beklagte die Patientin sich bitter, dass die Therapeutin in der Vergangenheit ihr Schweigen immer gedeutet hätte, aber neuerdings meistens stumm bliebe. Die Patientin fügte dann hinzu: »Aber vermutlich hatten Sie keine andere Wahl« (Segal, 2013, S.157).

An dieser Stelle wäre es interessant zu wissen, wie lange Segal geschwiegen und welche Prosodie ihr Schweigen gehabt hat: warm, kompetent, empathisch, wohlwollend über abwartend bis hin zu resignativ, gereizt oder kalt? Hat sie fünf, zehn oder 15 Minuten lang geschwiegen? Wie war die Stimmung im Raum: erträglich, aggressiv, entspannt, gereizt, tragend? Die Beantwortung dieser spannenden Fragen könnte zum besseren Verständnis des therapeutischen Prozesses mit dem Fokus auf unserer Stimmanalyse beitragen.

11.3 Stimme, Sprechen und Schreien

In der psychotherapeutischen Praxis hat man es überwiegend mit einem mehr oder weniger ruhigen Austausch von Worten zu tun. Dieser ruhige Austausch kann jedoch in gewissen Situationen abrupt unterbrochen werden: nämlich dann, wenn der Patient mehr oder weniger intensiv weint oder schreit. Beim Weinen oder Schreien versagt die Stimme. Auf der einen Seite gibt es Situationen in der Psychotherapie, in denen es sinnvoll ist, das Weinen wohlwollend zu unterstützen – vor allem in Krisen- und Trauerzeiten. Auf der anderen Seite gibt es Situationen, in denen das Weinen als ein regressives Verhalten eher kritisch gesehen werden sollte. Ein generelles Fördern von Weinen kann jedoch nicht das Ziel einer Psychotherapie sein, das muss differenziert betrachtet werden unter dem Gesichtspunkt der Emotionsförderung oder der Emotionskontrolle. Daher ist es nicht sinnvoll, das Weinen in einer Arbeitssituation zu fördern. Dies würde die Autorität der Person völlig untergraben.

Auch die Förderung des Schreiens muss differenziert betrachtet werden. Im Rahmen eines multimodalen Therapieangebotes kann es im Schutz eines stationären Settings durchaus zielführend sein, bei einer Boxtherapie (Patient*in boxt gegen einen Boxsack) zu schreien. Diese Übung muss aber individuell mit dem/der Patient*in in Abhängigkeit seines/ihres Strukturniveaus (Arbeitskreis OPD, 2006) und seiner/ihrer Störung besprochen werden. Eine unreflektierte Schreitherapie kann schnell eine maligne Regression auslösen (vgl. Geißler, 2012, S. 258). Bei einem gehemmten Zwangspatienten könnte eine Boxtherapie mit Schreien durchaus sinnvoll sein, bei einem Borderline-Patienten würde ich mir dieses Therapieangebot sehr gut überlegen. Ich rezipiere nachfolgend eine Kasuistik von Geißler, um die Problematik zu veranschaulichen:

Kasuistik zum Schreien: Geißler (2012) führt in seinem Aufsatz »Epilog: Die laute Stimme und der Schrei – ungenutzte therapeutische Ressourcen« mehrere Kasuistiken auf, wie das Schreien eine kathartisch-therapeutische Wirkung haben kann. Zwei Ausschnitte aus dem Film »Allein gegen die Mafia« werden in seinem Aufsatz ausführlich dargestellt. Zusammengefasst geht es in diesem Film darum, dass die Staatsanwältin Silvia ans Gericht zu einem Mordprozess gegen die italienische Mafia berufen wird. Sie wird kurz darauf von der Mafia entführt, einen Tag lang festgehalten und körperlich misshandelt. Nach ihrer Freilassung kümmert sich Corrado, ein Kriminalbeamter, intensiv um sie. Silvia befindet sich in einem Schockzustand, schwer traumatisiert. Ihr Verhalten verbessert sich kaum, sie dissoziiert signifikant, schätzt aber auch die Bemühungen von Corrado. Es kommt zu einer Szene, in der Corrado Silvia anschreit und gewaltsam aus dem Bett unter die Dusche schleppt – trotz ihrer Gegenwehr. Silvia *schreit* nun ebenfalls laut (zusätzlich durch die Kälte des Wassers gestresst) und es kommt zu einer kathartischen Entladung mit Schluchzen und verzweifeltem Weinen. Die Dissoziation lockert sich, Silvia wird emotional wieder ansprechbarer. So weit liefert ein Film Geißler das passende Beispiel, spannend erzählt. Ob diese Intervention des Commissarios aber auch der Realität entspricht, wissen wir nicht.

Geißler beschreibt Szenen aus körpertherapeutischen Gruppen, in denen oft laut geschrien wurde und das Schreien in kathartische Weinausbrüche führte. Diese hohe emotionale Intensität zieht sich bei Geißler wie ein roter Faden durch die Therapiearbeit. Nun sei betont, dass diese Schreitherapien manchmal fruchtbar, manchmal aber auch äußerst problematisch sein können. In dem Film »Allein gegen die Mafia« mag die Schreitherapie aufgehen. In der Praxis muss bei ihr allerdings eine gute Diagnostik der Ich-Struktur der Patienten, eine sehr gute Ausbildung der Therapeut*innen und vor allem ein stabiles kontinuierliches Setting mit einer Objektkonstanz der Therapeut*innen vorausgesetzt werden, will man keine malignen Regressionen provozieren. In einer Klinik oder Praxis mit ständigem Personalwechsel und Zeitnot verbietet sich ein derartiger Therapieansatz von selbst. Geißler betont selbst, dass eine intensive Arbeit mit Körpertherapie und intersuggestiver Verdichtung nicht immer und nicht mit allen Patienten möglich ist, vor allem nicht in einem zeitlich durchgetakteten und engmaschigen Praxisalltag (Geißler, 2012, S. 256). Diese Warnung von Geißler leuchtet ein. Es sei an dieser Stelle die Randbemerkung erlaubt, dass die Schreitherapie nicht zum Kanon der wissenschaftlich anerkannten Therapiemethoden gehört. Da ich bezüglich der Schreitherapie über keine fundierte Ausbildung oder weiterführende Kenntnisse verfüge und diese Form demnach auch nicht in meinem Interventionsrepertoire anbiete, werde ich dieses Thema im Buch nicht weiter vertiefen. Ich kann mir über die Schreitherapie schlichtweg kein kompetentes Urteil erlauben.

11.4 Stimme, Sprechen und Weinen

In der Psychotherapie gibt es einen engen Zusammenhang zwischen Stimme, Sprechen und Weinen. In den oben genannten Kasuistiken tauchte das Weinen schon mehrmals auf. Die Psychotherapeuten müssen diesbezüglich nicht viel stimulieren, das Weinen stellt sich oft von selbst ein: bei Schamaffekten, Trauerverarbeitung, Bilanzrechnungen, Minderwertigkeitsgefühlen, Kränkungen usw. Auch hier gilt es für den Therapeuten abzuwägen, wann er das Weinen fördern soll – etwa in einer Trauersituation. Oder wann er das Weinen als eine ungünstige Verhaltensweise eher deuten soll – etwa beim manipulativen Einsatz des Weinens oder im Rahmen einer masochistischen Verarbeitung. Bei dieser Fragestellung gibt es unterschiedliche Schwerpunkte: Therapeut*innen, die in einer Regression einen Wirkfaktor sehen, werden das Weinen eher zulassen. Therapeut*innen, die eher der Ressourcenaktivierung zugeneigt sind, werden versuchen, das Weinen frühzeitiger umzulenken in eine Haltung der Bewältigung und der an der Hypnotherapie orientierten Utilisierung. In bestimmten Situationen kann das Weinen eine selbsthypnotische Wirkung haben in Richtung Defizitorientierung, in anderen Situationen kann die Unfähigkeit zu weinen eine selbsthypnotische Wirkung entfalten in Richtung Affektisolierung. Zum Verständnis von Symptomen als Problemtrance vgl. die an Milton Erickson orientierten Ausführungen von Gunther Schmidt (2004, S. 184). Folgende eigene Kasuistik verdeutlich diese Thematik:

Kasuistik zum Weinen: Ein Patient kommt im Rahmen der stationären Behandlung regelmäßig in die indikative Gruppe, die sich vorrangig mit Problemen am Arbeitsplatz beschäftigt. Diese Gruppe trifft sich zweimal die Woche für 90 Minuten und umfasst maximal zwölf Personen (Schattenburg, 2012). Der Patient wirkt zunächst stark und stabil. Aber je mehr er von seinem Stress am Arbeitsplatz erzählt, desto mehr weichen seine Abwehrmechanismen auf. Er berichtet immer wieder, wie er sich vom Chef schikaniert und von den Arbeitskollegen ausgegrenzt fühlt. In seiner Therapiestunde als Protagonist schildert er eine Situation, in der er sich vom Chef beschämt fühlte. Dabei bricht der Patient, der sonst sehr kontrolliert erschien, in ein heftiges Weinen aus. Der Demütigungsschmerz ist dabei in der Gruppe gut spürbar. Der Leiter lässt den Patienten weinen und stimuliert damit die Empathie der Gruppenmitglieder. Nach ein paar Minuten bietet der Gruppenleiter dem Patienten eine Atemübung an. Nachdem er sich dadurch nach ca. fünf Minuten wieder stabilisiert hat, kann mit ihm wieder stimmlich auf einem eingepegelten Niveau weitergearbeitet werden. Der Wirkfaktor bei dieser Kasuistik liegt darin, dass der Patient vor allem innerhalb einer Gruppentherapie insofern eine korrigierende emotionale Erfahrung machen kann, als er sich schwach zeigen darf, ohne sich ausgegrenzt und abgewertet zu fühlen. Nachdem der Patient sich stabilisiert hat, wird mit ihm vermehrt ressourcenorientiert gearbeitet. Vor allem wird er dabei in drei Punkten unterstützt: in einem ersten Schritt seine Wut auf den Chef besser spüren zu können bzw. diese zuzulassen; in einem zweiten Schritt zu erkennen, dass er mit seiner Wut dem Chef viel Macht geben würde, und in einem dritten Schritt seine Wut zu neutralisieren, um aus der passiven Opferrolle herauszukommen und wieder mehr Selbstwirksamkeit zu entwickeln. Unter dem Gesichtspunkt der Stimme wird der Patient neben diesen drei Schritten auch darin unterstützt, die Stimme seines Chefs zuerst als Schallwellen zu betrachten, denen er eine bestimmte Bedeutung beimisst, die eine unmittelbare Auswirkung auf die Intensität seiner Emotionen haben kann (vgl. Kapitel 13.1).

An dieser Stelle sei betont, dass es sich bei der beschriebenen Kasuistik in einem stationären Setting um ein dichtes Programm handelt. Zu seiner Entlastung wurde dem Patienten verdeutlicht, dass es sich hier lediglich um Anregungen handle, die einen Ausblick geben sollen auf die ambulante Therapie. Es wird psychoedukativ erklärt, dass eine Verhaltensänderung zwar mit dem ersten Schritt anfange – etwa mit einer Einstellungsänderung –, dass diese aber auch in weiteren Runden trainiert und stabilisiert werden muss, um im Gehirn neue stabile neuronale Netze aufzubauen.

11.5 Stimme, Sprechen und Lachen

Zum Umfeld des Sprechens gehören das Schweigen, das Weinen, das Einlegen von Pausen und auch das Lachen. Humor und Lachen sind wesentliche Wirkfaktoren der Psychotherapie, vor allem der ressourcenorientierten Psychotherapie. Gerade durch die Verwendung von Sprüchen und Aphorismen (siehe Kapitel 15) in der »richtigen Situation« beim »richtigen Patienten« kann ein gemeinsames Lachen ausgelöst werden mit hohem therapeutischen Gewinn: Situationen können entdramatisiert werden, die »Überzogenheit« eines perfektionistischen oder zwanghaften Verhaltens wird damit schlagartig deutlich und gleichzeitig (für den Moment) beendet. Vom Lachen ist noch das Lächeln zu unterscheiden, wobei das Lächeln schwerpunktmäßig der Mimik zuzurechnen ist.

Ob in der Praxis der klassischen Psychoanalyse gelacht wurde? Kann ich mir nicht vorstellen. Zumindest war das Lachen in der klassischen Theorie der Psychoanalyse kein Thema. Freud hat aber dennoch beispielsweise viel über den Witz geschrieben. Heute dürfen wir in der Psychotherapie lachen, ohne gleich ausgegrenzt zu werden. Ja, in manchen Therapierichtungen ist das Lachen sogar sehr erwünscht (Wild, 2012; Falkenberg, McGhee u. Wild, 2013). Das Lachen ist eine vokale Äußerung, die auch eine Prosodie enthält: Es gibt sowohl ein warmes, empathisches, aggressives, schizoides und hysterisches Lachen als auch ein warmes, empathisches, aggressives, schizoides und hysterisches Schweigen. Natürlich entfaltet sich diese Prosodie erst voll im Kontext der Mimik und der Körperhaltung. Man denke nur an das Lachen des Anführers einer kleinen Gruppe von Straßenmusikanten, der im Freien und zu später Stunde vor den Hotelgästen in der Verfilmung der Novelle »Tod in Venedig« von Thomas Mann auftritt und seine Lieder mit einem starken Lachen singt. Die Prosodie dieses grellen Lachens ist aggressiv-diabolisch, darin wird die morbide Stimmung des von der Cholera bedrohten Venedigs in einigen Sekunden gebündelt und der Tod von Aschenbach vorweggenommen. Zur Verdeutlichung dieser Thematik wird folgende eigene Kasuistik herangezogen:

Kasuistik zum Lachen: Herr A., Mitte fünfzig, Bauleiter, schildert in der von mir geleiteten berufsbezogenen Therapiegruppe seinen Stress am Arbeitsplatz. Hinzu kommt, dass er noch mehrere zeitintensive Ehrenämter innehat. Und nicht zuletzt leidet seine Ehe unter der Symptomatik seiner Erkrankung. Herr A. zeigt alle Symptome eines klassischen Burn-out-Syndroms, wie man es heute bezeichnen würde: Erschöpfung, Grübeln, Schlafstörungen, niedergedrückte Stimmung und Panikattacken. Gemäß der Diagnostik der OPD (Arbeitskreis OPD, 2006) ist der Patient mäßig bis gering strukturiert (laut Strukturachse der OPD liegt sein Wert bei 2,5). Es imponieren ein Selbstwertkonflikt im aktiven Modus und ein Versorgungs-Autarkie-Konflikt im passiven Modus. Auf die Psychodynamik wird hier nicht weiter eingegangen. Dem Patienten wird in unserer indikativen Gruppe ausreichend Raum gegeben, sich darzustellen. Nachdem er sich stabilisiert hat, ist er damit einverstanden, sich den konstruktiv-kritischen Rückmeldungen der Gruppe zu stellen. Die Gruppenmitglieder spiegeln ihm daraufhin taktvoll seinen überwertigen Perfektionismus und seine übertriebene Tendenz, den eigenen Selbstwert in erster Linie über die Arbeit zu regulieren. In diesem Kontext bringt der Gruppenleiter den Spruch: *»An der Spitze zu stehen ist für mich zu weit hinten?«* (siehe im Kapitel 15 meine Spruch- und Aphorismensammlung). Die Stimme des Gruppenleiters ist dabei warm, empathisch, nicht strafend, mit einer steigenden Intonation, so dass der Spruch eine Frageform bekommt. Eine Frage, die zum Nachdenken anregen soll. Der Patient und die Gruppe lachen herzhaft. Der Patient erkennt schlagartig die »Überzogenheit« seines Verhaltens. Auf Nachfrage erlebt er in keiner Weise ein Gefühl der Kränkung, sondern empfindet diesen humorvollen Spruch vielmehr als hilfreich.

Es muss betont werden, dass ein solcher Spruch gut dosiert bzw. positioniert sein sollte und dass die Stimmung in der Gruppe und das Strukturniveau der Patient*innen kompetent analysiert sein müssen. In der Regel sollten diese Sprüche oder Aphorismen am besten vorher angekündigt werden. Der Gruppenleiter fragt den Patienten: »Sind Sie damit einverstanden, wenn ich Ihre Situation mit einem passenden Spruch oder Aphorismus zusammenfasse?« Ich habe mit dieser Vorgehensweise nur gute Erfahrungen gemacht.

11.6 Stimme, Sprechen und Redepause

In der Psychotherapie sprechen die Therapeut*innen in der Regel mit den Patient*innen, sie lachen, schweigen, stimulieren Pausen usw. Grundsätzlich geht es darum, das Sprechen der Patient*innen zu fördern. Nun gibt es aber auch Situationen, in denen der Therapeut den Patienten bitten muss zu schweigen, ja es gibt sogar Situationen, in denen der Patient für eine therapeutische Redepause motiviert werden muss. Diese Redepause sollte natürlich gut vorbereitet und therapeutisch reflektiert werden. Sie darf nicht willkürlich oder strafend ausgesprochen werden, sondern stets im Schutz der professionellen Rolle der Therapeut*innen. Dieser Ansatz wird hier mit einer eigenen Kasuistik didaktisch untermauert:

Kasuistik aus der verbalen Gruppentherapie: Ein narzisstisch akzentuierter Patient dominiert eine verbale Gruppentherapie. In jeder Stunde ergreift er ständig das Wort, lässt sich nur ungern von den Gruppenmitgliedern spiegeln und gibt seine Kommentare bezüglich seiner Mitpatienten in autoritärer Form. Die Mitpatienten sind sehr genervt und der Gruppenleiter spürt, dass die Gruppe den Narzissten »loswerden« möchte. In dieser Situation muss der Gruppenleiter die Gruppe vor diesem Narzissten schützen und auch gegenüber dem Narzissten ein deutliches Feedback geben. Dies kann dadurch geschehen, dass der Gruppenleiter dem Narzissten sein Verhalten in der Gruppe spiegelt und ihn bittet, sich nun eine gewisse Zeit zurückzuhalten und zu schweigen – dabei in sich hineinzufühlen, wie es ihm damit geht. Der Patient wird stimuliert, nur einfach zuzuhören, nicht gleich die Initiative zu übernehmen, Prozesse auch mal laufen zu lassen, ohne sich gleich dafür verantwortlich zu fühlen.

Es gibt Situationen in der Gruppe, in denen es sinnvoll sein kann, einen Patienten für eine therapeutische Redepause zu motivieren. Diese Redepause muss ihm aber vorab erklärt werden, damit er sie nicht als Bestrafung empfindet. In der nächsten Stunde sollte diese Redepause dann mit dem Patienten in der Gruppe therapeutisch reflektiert werden. Wird sie beispielsweise als Intervention »taktvoll« eingesetzt, können nach meiner therapeutischen Erfahrung sehr effektive Prozesse in Gang gesetzt werden. Der Patient kann schildern, wie es ihm mit der Redepause ergangen ist, ob er diese aushalten konnte, welche Phantasien in ihm hochkamen, ob er aggressive Impulse gegen den Gruppenleiter oder die Mitpatienten gespürt oder ob er sich durch die Redepause eher entlastet gefühlt hat. Der Patient wird zudem dadurch angeregt, mögliche Zusammenhänge zu erkennen zwischen seinem häuslichen Umfeld und seinem Verhalten in der Gruppenpsychotherapie.

11.7 Interaktionen zwischen Sprechen, Hören, Schweigen, Schreien, Weinen, Lachen und Redepause

Die Ausführungen des Sprechens sind im Kontext von Schweigen, Hören, Weinen, Schreien und Lachen in der folgenden Tabelle 5 zusammengefasst. Für jede Therapiestunde wird damit protokolliert, inwiefern sich die paraverbalen Aktivitäten in puncto gemessener Häufigkeit und Prosodie unterscheiden. In einem zweiten Schritt können dann diese beiden Aspekte im Fallseminar unter mannigfaltiger Perspektive betrachtet werden. Dennoch geht es hierbei nicht darum, eine ganze Stunde mehr oder weniger »komplett« zu erfassen. Das ist ohne Videoaufzeichnungen nicht realisierbar. Es geht in erster Linie darum, sich in Bezug auf die stimmlichen Interaktionen zu sensibilisieren und punktuelle Ausschnitte oder allgemeine Trends in einer Stunde zu erfassen – ohne Anspruch auf Vollständigkeit.

Tabelle 5: Stundenprotokoll – paraverbale Interaktionen zwischen Therapeuten und Patienten mit ihrer Prosodie

Therapeut	%	Prosodie	Patient	%	Prosodie
Sprechen			Sprechen		
Schweigen			Schweigen		
Sprechen			Schweigen		
Schweigen			Sprechen		
Sprechen			Hören		
Hören			Sprechen		
Sprechen			Weinen		
Sprechen			Schreien		
Schweigen			Schreien		
Lachen			Lachen		
Lachen			Hören		
Hören			Lachen		
Motivation für eine Redepause			Schweigen		

Jede paraverbale Äußerung hat eine eigentümliche Prosodie. So wie die Stimme aggressiv sein kann, gibt es auch ein aggressives Schweigen oder ein aggressives Weinen. So wie die Stimme warm sein kann, gibt es auch ein warmes Schweigen. Ein Hören kann wohlwollend, aber auch aggressiv sein usw. Letztendlich kann man die Prosodie nur gültig erfassen, wenn man die Mimik und die Körperhaltung einbezieht. Ein Satz kann *so* oder *so* gesprochen werden, erst die Mimik und die Körperhaltung runden den Eindruck ab. Ein Beispiel ist die Double-Bind-Situation: Ich kann sprachlich A vermitteln, aber mimisch B meinen. »Das haben Sie aber gut gemacht« wäre zwar inhaltlich ein Lob, in der Mimik und der Körperhaltung kann man zeitgleich aber auch Verachtung ausdrücken. Dann wäre der ganze Satz eine mehr oder weniger subtile Abwertung. Ich kann etwas »Positives« sagen, dabei aber gereizt zur Seite oder in die Luft gucken usw. Oder ich kann die Arme verschränken, mich kerzengerade vor jemandem hinstellen und ihm »freundlich« sagen, er möge jetzt bitte seine Übungen bei der Angstkonfrontation machen. Eine körperlich zugewandte Sitzhaltung verstärkt z. B. den freundlichen Ton einer Stimme.

Wenn die Tabelle 5 in Tabelle 6 weiter ausdifferenziert wird, fällt auch die Beurteilung einer Therapiestunde entsprechend komplexer aus.

Tabelle 6: Stundenprotokoll – paraverbale Interaktionen zwischen Therapeuten und Patienten mit ihrer Prosodie und Mimik

Therapeut	%	Prosodie	Mimik	Patient	%	Prosodie	Mimik
Sprechen				Sprechen			
Schweigen				Schweigen			
Sprechen				Schweigen			
Schweigen				Sprechen			
Sprechen				Hören			
Hören				Sprechen			
Sprechen				Weinen			
Sprechen				Schreien			
Schweigen				Schreien			
Lachen				Lachen			
Lachen				Hören			
Hören				Lachen			
Motivation für eine Redepause				Schweigen			

Nonverbale und verbale Elemente in der Psychotherapie

Wie viel Prozent sprechen der Therapeut respektive der Patient? Wie ist die Prosodie der paraverbalen oder verbalen Aktivitäten? Und wie ist die Mimik zu bewerten unter folgendem Gesichtspunkt: konkordant respektive diskordant zu den sprachlichen Äußerungen? Zur empirischen Auswertung der Mimikanalyse haben Ekman (2017), Krause (2012) und Schmidt-Atzert et al. (2014) mit ausgefeilten und aussagekräftigen Studien geforscht. Ferner beschäftigen sich Ramseyer und Tschacher (2006) mit der Frage, inwiefern nonverbale Interaktionsprozesse synchron verlaufen. Ohne empirische PC- und videogestützte Auswertungen handelt es sich bei unseren Tabellen um heuristische Vereinfachungen, die aber in der Supervision im Alltagsgeschäft von Psychotherapeut*innen durchaus interessante Diskussionen und Hypothesen stimulieren können – ohne Anspruch auf wissenschaftlich fundierte Aussagen. Die meisten Psychotherapeut*innen arbeiten nicht in einem Forschungslabor und sind trotzdem mit den hier geschilderten Interaktionen in der therapeutischen Praxis konfrontiert. Diesen Psychotherapeut*innen wollen wir mit unseren Stundenprotokollen eine Hilfestellung geben für eine vereinfachte Dokumentation. Folgende Beispiele dienen hierfür zur Veranschaulichung:

1. Beispiel: Das Sprechen zwischen Therapeut*in und Patient*in ist relativ ausgeglichen, liegt also jeweils bei 50 %. Beide Protagonisten lassen sich gegenseitig im Therapiegeschehen aussprechen. Die Stimmhöhe bei beiden ist angemessen, nicht zu hoch. Dies deutet auf ein angenehmes Arbeiten hin. Die Stimmen sind auch nicht zu tief, was eine depressive Gestimmtheit wiedergeben könnte. Die Mimik ist konkordant. Der Therapeut guckt aufmerksam in die Augen des Patienten. Das Protokoll spiegelt eine mögliche Therapiestunde wider, in der sich Therapeut und Patient in ruhigem Fahrwasser befinden, um sich z. B. gemeinsam von einer anstrengenden Therapiephase zu erholen oder Kräfte zu sammeln für die nächste schwierige Gesprächsrunde.

2. Beispiel: Das Sprechen zwischen Therapeut*in und Patient*in ist stark unausgeglichen – 20 % spricht der Therapeut, 80 % der Patient. Der Patient fällt dem Therapeuten ständig ins Wort. Die Prosodie der Stimme des Therapeuten zeigt sich dabei ruhig und monoton, die

Stimme des Patienten ist dagegen hoch, schrill, schnell und aufgeregt. Die Mimik des Therapeuten ist konzentriert und skeptisch, die Mimik des Patienten streng und bedrohlich. Ein solches Protokoll könnte eine Therapiestunde darstellen, in der ein schwieriges Thema behandelt wird.

3. Beispiel: In Bezug auf die Stimminteraktionen zwischen Therapeut*innen und Patient*innen finden wir eine treffende Kasuistik bei Sandler (1976, S. 302). Ein Patient konnte darin den Psychoanalytiker nur mittels einer geringfügigen Veränderung seiner Stimme (Prosodie) dazu veranlassen, während der analytischen Sitzungen mehr als gewöhnlich zu sprechen. Eine geringfügige Veränderung des Tonfalls beeinflusste die Sprechqualität des Analytikers. Der Patient hatte in seinem Tonfall die Atmosphäre einer Frage. Durch diese Intonation beeinflusste der Patient den Analytiker; er konnte ihm eine ganz bestimmte Rolle zuschreiben. Dies dürfte vor allem bei projektiven Identifikationen eine große Bedeutung haben (Caligor et al., 2010). Hypothetisch müsste sich mit Hilfe unserer Tabelle im Rahmen einer Videoanalyse durch die Untersuchung der Prosodie, der Mimik und des Quotienten der Sprechquantität Therapeut/Patient eine projektive Identifikation »nachweisen« lassen. Womit wir empirisch einiges gewonnen hätten bei der Bearbeitung dieses »mysteriösen« und mächtigen Abwehrmechanismus der projektiven Identifikation.

Nachfolgend werden die Ausführungen zum Zusammenhang von Sprechen, Weinen, Schreien und Hören zusammengefasst: Die Therapeut*innen brauchen ein gutes Training, um diese komplexen Wechselwirkungen möglichst zeitnah erst wahrnehmen und dann therapeutisch sinnvoll anwenden zu können. Wünschenswert wären hierbei Videoaufzeichnungen, um diese Interaktionen im Detail zunächst einmal zu kodieren, zu zählen und dann psychotherapeutisch zu bewerten – in Abhängigkeit vielfältigster Einflussfaktoren: Theorie, Symptomatik, Struktur des Patienten, Fokus, Über- und Gegenübertragung, Auswahl der Interventionen usw.

Aus wissenschaftlicher Sicht benötigt die Erforschung dieser komplizierten, vielschichtigen Interaktionsmuster ausgefeilte Methoden. Die PC-unterstützte Auswertung hochkomplexer Datensätze mit neuen Technologien setzt eine interdisziplinäre Zusammenarbeit zwischen Psycholog*innen, Phonetiker*innen, Computerlinguist*innen und Ingenieur*innen voraus (vgl. Timmons et al., 2017). Wie die Dyade Therapeut/Patient empirisch in Bezug auf das Sprechen und die Prosodie untersucht werden kann, zeigt die Magisterarbeit von Sinn (siehe Kapitel 12.6).

Der von vielen geschätzte Psychoanalytiker Johannes Cremerius hat zu diesem Thema der paraverbalen Interaktionen zwischen Therapeut*innen und Patient*innen 1984 zwei auch heute noch sehr inspirierende Aufsätze verfasst: »Schweigen als Problem der psychoanalytischen Technik«, der an der klassischen Triebtheorie orientiert ist, und »Der Patient spricht zu viel«, beeinflusst von der klassischen Abwehrtheorie. Diese zwei Aufsätze sind vor allem den Kolleg*innen, die an der klassischen Psychoanalyse interessiert sind, sehr zu empfehlen, aber auch den Kolleg*innen, die aus einer anderen Therapierichtung kommen. Sie sind mit Gewinn zu lesen. Die Psychodynamik der Stimme vertiefe ich im Kapitel 12.2.

12 Empirische Ergebnisse zur Stimmforschung in der Psychotherapie

Im Folgenden soll ein kurzer Überblick gegeben werden, wie eine empirische *psychologische Stimmforschung* in der Psychotherapie aussieht respektive wie geforscht wird oder geforscht werden könnte. Detaillierte Zusammenfassungen aus der Grundlagenforschung zur Stimme geben Scherer (2003) sowie Altenmüller, Schmidt und Zimmermann (2013), die ich hier nicht weiter rezipieren kann, weil dies den Rahmen des Buches sprengen würde. Ein paar Grundkenntnisse werden aber für den praktischen Teil zur Selbsterfahrung und zur Supervision der Stimme im Kapitel 16 benötigt.

12.1 Der Ansatz von Grawe

Klaus Grawe (1998, S. 309 ff.) hat im Kapitel 2.26 »Zur Bedeutung der nonverbalen Kommunikation für die Psychotherapie« den zum Zeitpunkt der Veröffentlichung seines Buches bekannten Wissensstand sehr gut zusammengefasst. Er betont darin die Bedeutung des nonverbalen Kommunikationsverhaltens der Therapeut*innen. Rosenthal, Hall, DiMatteo, Rogers und Archer (1979) entwickelten den »Profile of Nonverbal Sensitivity (PONS)«-Test. Beim PONS-Test werden nur zwei Sekunden lange Ausschnitte von einem Video- oder Tonband vorgespielt, aus dem alle semantischen Informationen entfernt wurden, und die Versuchsperson soll beurteilen, welche Emotion darin mit nonverbalen Elementen (Körper, Mimik oder Stimme) zum Ausdruck gebracht wurde. Ein wichtiges und überraschendes Ergebnis dieser Studie war, dass sich klinische Psycholog*innen, Psychiater*innen und ähnliche Berufsgruppen nicht durch gute Werte im PONS-Test auszeichneten. Gut schnitten hingegen etwa Schauspieler ab, was nicht verwundern dürfte. Aber interessanterweise erzielten auch Kunststudenten gute Ergebnisse. Grawe betont ferner, dass beim »nonverbalen Kommunikationskanal auch der Tonfall der Stimme sehr wichtig sei« (Grawe, 1998, S. 312). Er verweist dabei auf die Untersuchungen von Blanck, Rosenthal und Vannicelli (1986) und fasst diese wie folgt zusammen:

> »Sie filterten technisch aus Therapeut-Patient-Interviews die semantische Information aus. Es wurden 101 Interviews von 21 weiblichen und männlichen Therapeuten mit dem Patienten analysiert und 218 Interviews, in denen der Therapeut über den Patienten sprach. Bei den Patienten handelte es sich entweder um stationäre oder ambulante Patienten. 20 Sekunden lange Abschnitte des inhaltlich nicht verständlichen Interviewtextes aus beiden Interviewarten wurden Beurteilern zur Beurteilung des Tonfalls vorgelegt. Die Beurteilung erfolgte auf einem Polaritätenprofil aus folgenden zehn Eigenschaftsgegensatzpaaren:
> Warm – nicht warm; ängstlich – nicht ängstlich; feindselig – nicht feindselig; empathisch – nicht empathisch; den Patienten mögend – nicht mögend; professionell – nicht professionell; kompetent – nicht kompetent; optimistisch – nicht optimistisch; dominant – nicht dominant; ehrlich – nicht ehrlich.
> Aus den direkten Patient-Therapeut-Interaktionen ergaben sich faktorenanalytisch 4 unabhängig voneinander variierende Tonfall-Qualitäten, nämlich: warm/empathisch, professionell/kompetent, ängstlich und ehrlich« (Grawe, 1998, S. 312 f.).

Diese Zusammenfassung von 1998 führt Grawe in seinem letzten Buch »Neuropsychotherapie« (2004) im Kapitel 5.3.2. »Leitregeln für den Therapieprozess« weiter aus. Der Tonfall des Therapeuten kann demnach trainiert werden: »Der Tonfall eines Therapeuten sollte, unabhängig vom Gehalt des Gesagten, warm, professionell/kompetent und unängstlich sein. Dies sind die wichtigsten Stimmmerkmale von Therapeuten, die von ihren Supervisoren als interaktionell besonders kompetent beurteilt wurden« (S. 436).

Ich möchte gern die Zusammenfassung von Grawe konstruktiv kommentieren. Diese generelle Empfehlung zum Tonfall der Therapeut*innen sollte ausdifferenziert werden. Es gibt Situationen, in denen die Empfehlung von Grawe leider nicht überzeugt. Nehmen wir beispielsweise eine Therapiestunde mit einem aggressiv-abwertenden Narzissten. Darin wäre eine warme Stimme unangemessen, die Stimme müsste schon einen Tick härter und fordernder sein. Stellen wir uns alternativ eine Situation vor, in der eine Borderline-Patientin die Blumen im Therapiezimmer abschneidet oder ein Patient dort raucht, was heute in der Regel untersagt ist. Wir nehmen an, dass bei diesen Beispielen die Stimme des/der Therapeut*in streng sein sollte, nicht warm. Wir brauchen ein *Prosodieprofil,* das mehrere Möglichkeiten der Stimmqualitäten in Betracht zieht in Abhängigkeit komplexer Interaktionen zwischen Therapeut*innen und Patient*innen. Ein einfaches Beispiel für ein günstiges Prosodieprofil wäre: warm/kompetent vs. nicht warm/kompetent. Auch können wir uns Situationen vorstellen, in denen die Stimme eines Therapeuten warm/ängstlich sein kann oder nicht warm/ängstlich. Dies mag in Abhängigkeit der therapeutischen Situation unterschiedlich zu bewerten sein. Ich möchte damit sagen: Die allgemeine Empfehlung nach Grawe (warm, kompetent und unängstlich) dürfte die Komplexität der therapeutischen Situationen nicht genügend abbilden. Grawe fasst aus den von ihm zitierten Studien (1998, S. 313) zusammen, dass ein professionell-kompetenter Tonfall in den direkten Patienten-Therapeuten-Interviews signifikant mit der Besserungserwartung des Patienten zusammenhängt. Dieses Ergebnis ist natürlich für Grawe bedeutsam, weil bei ihm die Induktion positiver Besserungserwartungen in den Erstgesprächen eine entscheidende Rolle spielt.

Wir folgen weiter Grawes Ausführungen (1998, S. 313 f.): »In den oben zitierten Studien von Blanck et al. gibt es Hinweise, dass aus dem Tonfall schon aufgrund der ersten zwanzig Sekunden eines Interviews aus einer Kombination der Merkmale warm, feindselig, ängstlich, dominant, optimistisch fast mit Sicherheit vorausgesagt werden kann, ob ein Therapeut gerade über einen stationären oder einen ambulanten Patienten spricht. Wenn sie über stationäre Patienten sprachen, hatten die Therapeuten einen signifikant ängstlicheren, feindseligeren und dominanteren Tonfall, als wenn sie über ambulante Patienten sprachen. Im Gespräch *mit* stationären Patienten war der Therapeutentonfall nur signifikant ängstlicher. Im stationären Setting fühlt sich ein Therapeut demnach vom Patienten emotional offenbar mehr bedrängt oder mehr durch ihn emotional beansprucht, und das drückt sich darin aus, wie er über und mit dem Patienten spricht.«

Grawe führt weiter aus, dass schon für die Therapeutenausbildung ein weiteres Ergebnis der oben zitierten Untersuchungen wichtig ist, nämlich: »Therapeuten, die über ihre Patienten in einem eher kalten, betont unängstlichen, übermäßig professionellen und dominanten Tonfall sprachen, sprachen auch mit dem Patienten eher kalt, unehrlich und übermäßig professionell. Es scheint also auch eine allgemeine Einstellung zu Patienten im Tonfall zum Ausdruck zu kommen. *Es sollte Ausbildern und Ausbildungsinstituten daher nicht gleichgültig sein, in welchem Ton in Fallseminaren, Supervisionsgruppen usw. über Patienten geredet wird* [Hervorh. d. Verf.]. Dort sollte in gleicher Weise über den Patienten geredet werden, wie man mit einem Patienten reden sollte, nämlich professionell und kompetent, aber gleichzeitig warm, empathisch, um den Patienten besorgt und ehrlich« (Grawe, 1998, S. 314). Dieser Empfehlung von Grawe stimme ich natürlich im Prinzip zu, aber … Gehen wir zum nächsten Kapitel.

12.2 Der psychodynamische Aspekt der Stimme

Die Überlegungen von Grawe möchte ich gern ergänzen mit einer psychoanalytischen Sichtweise. Natürlich ist es gut, wenn die Therapeut*innen professionell, kompetent, warm und empathisch sprechen. Wer wird dem widersprechen? Aber dies wird in der Praxis nicht immer der Fall sein. Dann gibt es nicht nur eine Empfehlung, doch *so* zu sprechen, sondern es muss in der Supervision erforscht werden, warum die Therapeut*innen nicht *so* sprechen, wie es allgemein wünschenswert wäre. Hier können Racker und Kernberg ins Spiel gebracht werden, die großen Wert auf die Analyse der Gegenübertragung legen (siehe Kapitel 14.4 und Kapitel 16.12 im praktischen Teil). Grawe hält die Gegenübertragung für einen »unglücklichen Begriff« (Grawe, 1998, S. 130), ich jedoch nicht, daher frage ich in der Supervision nach:

> *»Mir fällt auf, dass Sie über den Patienten in einem kalten, ja sogar abwertenden Tonfall berichten. Welche Gefühle haben Sie gegen-*

über diesem Patienten? Was löst der Patient in Ihnen aus? Können wir den Patienten womöglich besser verstehen, wenn wir uns Ihre Gegenübertragung etwas genauer angucken?«

Diese Suchstrategie führt zu ganz anderen Erkenntnissen, als dem Supervisanden pädagogisch zu spiegeln, er rede kalt und er solle jetzt bitte warm über den Patienten berichten. So kann ein kalter, abwertender Tonfall ein Hinweis darauf sein, dass – objektbeziehungstheoretisch gesehen – ein Therapeut unbewusst mit einem sadistischen Introjekt des Patienten identifiziert ist, das der Patient also auf den Therapeuten projiziert hat. Wir können über die Analyse des Tonfalls des Therapeuten auf wichtige projektive Abwehrmechanismen des Patienten schließen, deren Analyse dann den therapeutischen Prozess weiterentwickeln kann. Prozesse, die aus der Behandlung der Persönlichkeitsstörungen gut bekannt sind. *Die Prosodie einer Stimme hat also immer auch einen psychodynamischen Anteil,* der vor allem durch eine Gegenübertragungsanalyse fruchtbar gemacht werden kann. Ich bringe an dieser Stelle ein Beispiel aus meiner Supervisionspraxis:

Eine Patientin sagt in der Gruppentherapiestunde zum Therapeuten in einem aggressiven Tonfall: »Jetzt werden Sie aber übergriffig.« Der Kontext war, dass der Therapeut dieser Patientin erklärt hatte, dass sie noch in Behandlung bleiben müsse, der Wille für eine Verhaltensänderung nicht ausreiche und er eine stationäre Behandlung empfehlen würde. In der Supervision sagt dieser Therapeut nun in einem gereizten, gekränkten Tonfall: »Diese Patientin hat nicht alle Tassen im Schrank, mir vorzuwerfen, ich sei übergriffig.«

Nach psychodynamischem Denken sollte die Gegenübertragung in der Supervision unzensiert erlebt werden; in der Behandlung gelten dann die obigen Empfehlungen von Grawe. In der Supervision wird herausgearbeitet, dass sich in der Gegenübertragung die Symptomatik der Patientin abbilden kann, dass sie ihre inneren Spannungen auf den Therapeuten überträgt und externalisiert, um sich selbst vor der Übernahme von Verantwortung zu schützen. Diese supervisorischen Anregungen können dann in den therapeutischen Prozess einfließen.

Grawe schreibt an anderer Stelle, dass »der Begriff der Gegenübertragung aus interpersonaler Perspektive eine einseitige Interpunktion des Beziehungsgeschehens beinhaltet. Der Therapeut ist in gleicher Weise ein Akteur in der Beziehung wie der Patient. Welche motivationalen Schemata er beim Patienten aktiviert und was sich für ein Beziehungsmuster entwickelt, ist mindestens so sehr davon bestimmt, wie er an den Patienten herantritt, wie von dessen Übertragungsbereitschaften. Die Therapiebeziehung ist vor allem eine Realbeziehung« (Grawe, 1998, S. 620).

Kritisch zu Grawe sei angemerkt, dass die Therapiebeziehung keine »Realbeziehung« ist. Die privaten Beziehungen, also Realbeziehungen, verlaufen nach komplett anderen Regeln als eine professionell strukturierte Beziehung, nämlich: Beziehungen zwischen Lehrer und Schüler, Therapeut und Patient, Anwalt und Klient, Architekt und Kunde usw. Die Therapeut-Patienten-Interaktion unterscheidet sich in mannigfaltigen Punkten grundlegend von einer Realbeziehung: Sie ist eine *professionelle Beziehung,* keine private Beziehung, in der die Therapeut*innen eine hochspezifische Rolle einnehmen und den Patient*innen ein schützender Raum zur Verfügung gestellt wird, um ihre Objektbeziehungsdyaden, ihre Defizite und schlummernden Ressourcen erforschen zu können. Die Gefühlsregulierung etwa in Familien verläuft nach komplett anderen Regeln als die Gefühlsregulierung in einer professionellen Therapeut-Patienten-Interaktion. Die Übertragungsbereitschaften sind bei jedem Patienten unter Berücksichtigung seiner Schwierigkeiten begrenzt. Sie können nicht – da sei Grawe ein weiteres Mal widersprochen – beliebig aktiviert werden in Abhängigkeit davon, wie der Therapeut an den Patienten herantritt. Dies hat Einfluss auf die Prosodie der Stimme des Therapeuten, die es in der Supervision zu besprechen gilt. Nachfolgend einige Beispiele:

Bei einem depressiven Patienten könnte sich das Mitleid eines Therapeuten in seiner Gegenübertragung in Form von einer leisen, weichen Stimme abbilden. Der Therapeut wäre dann unbewusst mit dem hilflosen Ich des Patienten identifiziert, prosodisch betrachtet mit dem »Klagen« der Stimme. Bei einem narzisstischen Patienten könnte sich die Kränkung des Therapeuten in einer harten, unempathischen

Stimme abbilden. Der Therapeut wäre dann unbewusst mit dem kalten Größenselbst des Patienten identifiziert, das der Patient auf den Therapeuten projiziert hat, um ihn unter seine Kontrolle zu bekommen. Bei diesen Prozessen dürften die Spiegelneuronen eine Rolle spielen (siehe dazu Kapitel 7 über neurobiologische Befunde).

Als Tendenz kann formuliert werden, dass bei einer konkordanten Gegenübertragung die Stimme weich ist. Wenn beispielsweise jemand durch eine Prüfung gefallen ist, sagt der Therapeut: »Ich kann Ihre Enttäuschung gut verstehen.« Es vollzieht sich somit eine Identifikation mit dem Es und Ich des Patienten. Bei einer komplementären Gegenübertragung ist die Stimme hingegen tendenziell scharf. Der Therapeut sagt dann beim durch die Prüfung gefallenen Patienten: »*Sehen Sie, Sie haben sich nicht gut genug vorbereitet.*« Dann läge eine Identifikation mit einem sadistischen Über-Ich vor.

Man könnte nun aber auch spekulieren, dass ein Therapeut denselben Satz mit einer warmen Stimme sagt. Dann würde er wieder in eine konkordante Gegenübertragung fallen in dem Sinn, dass er den Akzent darauf legt, dass der Patient prinzipiell fähig wäre, eine Prüfung zu bestehen. Er hätte schon das Talent dazu (internal-stabile Attribution), aber diesmal sei er halt »nur« deswegen durchgefallen, weil er sich nicht genügend angestrengt habe (internal-variable Attribution). Der Therapeut würde dabei das Wort »vorbereitet« betonen, und nicht das Wort »nicht«. So verhält sich ein Psychotherapeut, der die Attributionstheorie in der klinischen Psychologie intensiv studiert hat und sich von dieser in seinen Interventionen leiten lässt (zur Attributionstheorie und -therapie vgl. ausführlich Schattenburg, 2000). Wir können also an dem obigen Beispiel studieren, wie die Aussprache *ein und desselben Satzes* unterschiedliche Gegenübertragungen und Attributionsstile widerspiegeln kann. Im Folgenden wollen wir uns der Frage widmen, wie die Stimme empirisch mit neuer Technik erforscht wird.

12.3 Der Ansatz von Streeck

Ulrich Streeck, ein Pionier in der Erforschung der Stimme im psychotherapeutischen Bereich, arbeitet in seinem Buch »Auf den ersten

Blick« (2004) den Unterschied zwischen einer Makro- und einer Mikroperspektive heraus. Die Mikroperspektive beschäftigt sich dabei vor allem mit den subtilen körperlichen und paraverbalen Signalen, die sich in den Therapeut-Patienten-Interaktionen abspielen. Krause (2012) hat in ausgefeilten und aufwendigen Experimenten mimische Interaktionen empirisch im Detail erforscht und nachgewiesen, wie minimale mimische Signale, die nur für den Bruchteil einer Sekunde in Erscheinung treten, das Verhalten des Gegenübers beeinflussen können. Es ist davon auszugehen, dass diese Erkenntnis von Krause auch auf die psychologische Stimmforschung übertragbar ist.

Streeck (2004, S. 291) hat für die Analyse von Tonbandaufzeichnungen folgende Transkriptionszeichen vorgeschlagen, die durch die heutigen PC-gestützten technischen Möglichkeiten (Praat, VoceVista Video) zwar überholt sind, dennoch aber ihre heuristische Bedeutung behalten haben, und die auch für einzelne Sequenzen in der Praxis verwendet werden können, wenn man die Technologien nicht zur Hand hat. Jeder Psychotherapeut könnte sich kleinere Sequenzen aufschreiben und diese nach Streeck kodieren – für eine umrissene Fragestellung und einen überschaubaren Zeitraum im Alltag durchaus praktikabel. Für aussagekräftige Forschungen bräuchten wir jedoch die genannten Techniken. Bei Streeck (2004, S. 291 f.) finden wir ausführliche Beispiele, in denen zudem Pausen, Unterbrechungen, das Atmen und nichtsprachliches Verhalten berücksichtigt sind. Zur Illustration hier einige Transkriptionszeichen für die Prosodie der Stimme:

↓	abfallende Intonation
↑	steigende Intonation
?	stark ansteigende Intonation
.	stark fallende Intonation
niemals	Betonung
nIEmals	lauter

Abbildung 2: Transkription der Stimme nach Streeck (2004)

Ich stelle vereinfacht folgendes Beispiel aus meiner eigenen Praxis vor:

PATIENT: Sie kümmern sich zu wenig um mich. ↑
THERAPEUT: Wie meinen Sie das?
PATIENT: Sie geben mir **zu wenige** Einzelgespräche!
THERAPEUT: **Wie viele** Einzelgespräche wünschen Sie sich denn?
PATIENT: Aber das müssten Sie doch selbst wissen?
THERAPEUT: Wir haben **zwei** Einzelgespräche pro Woche vereinbart.
PATIENT: Das mag sein. Aber das reicht mir **NICHT**.

Dieses Beispiel mag verdeutlichen, wie die Prosodie der Stimme kodiert und dann für die Diagnostik und Therapie fruchtbar gemacht werden könnte. Gefühle wie Wut, Trauer, Ärger oder Hoffnungslosigkeit können mit dieser Transkription zum Ausdruck gebracht werden. Weitere Beispiele für diese Art von Transkriptionszeichen finden wir ausführlich bei Buchholz (2017, S. 25 f.) und bei Couper-Kuhlen und Selting (1996).

12.4 Der Ansatz von Buchholz

Michael B. Buchholz (2017), der sich auf dem Gebiet der Konversationsanalyse einen Namen gemacht hat, beschreibt in seinem Aufsatz »Wie man den Tanz der Einsicht zwischen Couch und Sessel untersuchen kann«, mit welcher Komplexität wir uns zu beschäftigen haben, wenn wir empirische Gesprächsanalysen vornehmen möchten. Anhand des Gesprächspartikels »Mhm« wird beispielsweise die Prosodie der Stimme verdeutlicht: Das »Mhm« kann kurz oder lang gezogen sein, bei unterschiedlichen Pausen angewandt werden oder in der Intonation variieren. Hinter einem »Mhm« kann ein Fragezeichen oder ein Ausrufezeichen stehen. Das Partikel kann an der richtigen Stelle eingesetzt werden und somit verstärkend wirken. Es kann aber auch an einer falschen Stelle platziert sein und dann den Patienten eher irritieren oder sogar hemmen. Fazit: Die Prosodie dieses kleinen »Mhm« kann schon eine hochkomplexe Bedeutung für den interaktionellen Verlauf haben.

Buchholz schreibt: »Man kann Kommunikation viel besser als einen Tanz verstehen – und zwar als einen Tanz, wie ihn Mütter und Säuglinge einüben und wie er sich bis in die höchst entwickelten Sprachformate nachweisen lässt. Tanz hat eine bipolare Struktur: Man folgt den eigenen Bewegungen *und* denen des Partners – und umgekehrt. Man ahnt voraus, was der andere gleich tun wird, ob er etwas die Balance verlieren könnte, und greift stützend ein. Man tanzt selbst und kennt dennoch die Bewegungen des anderen« (2017, S. 32). Dieser Tanz wird daraufhin von Buchholz prosodisch nachvollzogen. Dazu bringt er mehrere illustrative Beispiele aus Audioaufnahmen, die mit dem System Praat ausgewertet wurden, das die Prosodie der Stimme der Therapeutin und der Patientin abbilden kann. Als Beispiel: Die Stimme der Patientin ist flach, dann zeigt die Stimme der Therapeutin deutliche Akzentuierungen, dann gibt es eine Pause. In der Abbildung der Praat-Analyse werden der Schalldruck der Stimme, die Intensität der Artikulation und die monotone Stimme der Patientin sichtbar. Die Praat-Analysen zeigen demnach, wie mit der Stimme im Nachhinein eines psychotherapeutischen Prozesses empirisch produktiv weitergearbeitet werden kann – vor allem in Bezug auf die Supervision.

12.5 Stimme und Bindungsstil

Adametz (2016) fragt in seiner Masterarbeit, ob man den Bindungsstil an der Stimme erkennen könne. Dazu führt er eine empirische Studie zu paraverbalen Merkmalen von Bindungstypen während des Adult-Attachment-Interviews (AAI) durch. In der Bindungstheorie werden folgende Stile unterschieden: sicher, unsicher-ambivalent, unsicher-vermeidend und desorganisiert. Diese Bindungsstile können mit dem AAI untersucht werden. Das AAI ist ein halb standardisiertes Interview zur retrospektiven Erfassung von Bindungserfahrungen und aktuellen Einstellungen zur Bindung bei Erwachsenen. Das Interview dauert ein bis drei Stunden. Folgende Fragen werden dabei beispielsweise gestellt:

Beispiel 1: »Vielleicht können Sie mir bitte zunächst einen kurzen Überblick über Ihre damalige Familiensituation geben? Erzählen Sie mir einfach, wo Sie geboren sind, wo Sie mit Ihren Eltern gelebt haben, ob Sie häufig umgezogen sind und was Ihre Eltern beruflich machen.«

Beispiel 2: »Können Sie nun mal versuchen, mir die Beziehung, die Sie als kleines Kind zu Ihrer Mutter und zu Ihrem Vater hatten, zu beschreiben? Am besten wäre es, wenn Sie mit den frühesten Erinnerungen beginnen.«

Ein tendenziell hyperaktives Bindungssystem (z. B. unsicher-ambivalent) geht mit emotional expressivem Verhalten einher; ein unsicher-vermeidender Bindungsstil ist mit eingeschränkter emotionaler Expressivität korreliert. Die Stimmen der interviewten Proband*innen wurden mit dem schon erwähnten Auswertungssystem Praat analysiert. Adametz fasst seine Ergebnisse dahingehend zusammen, dass eine tiefe Stimme den unsicher-vermeidenden Typ deutlich vom sicher-gebundenen Typ abgrenzen kann. Für den desorganisierten Typ zeigt die Stimme eine geringe Variabilität im Gegensatz zum sicher-gebundenen Typen. Es muss betont werden, dass es sich bei dieser originellen Masterarbeit um eine Pilotstudie handelt. Inwieweit die Prosodie der Stimme theoretisch mit den Bindungstypen zusammenhängt, sollte in weiteren Replikationsstudien untersucht werden. Nichtsdestotrotz ist diese Arbeit aber wegweisend dafür, wie mit modernen Erfassungsmethoden die Stimme empirisch erforscht werden kann.

12.6 Stimme und Therapie der sozialen Phobie

Sinn (2017) untersuchte in seiner Masterarbeit »die Bedeutung der Ähnlichkeit paraverbaler Merkmale zwischen Patient und Therapeut bei der Therapie sozialer Phobie«. Dabei wurden mit dem System Praat aus den Videos von Therapiesitzungen 44 gleichgeschlechtlicher Dyaden die Sprachabschnitte von Therapeut*innen und Patient*innen extrahiert, kodiert und analysiert. Der Autor fasst den Forschungsstand dahingehend zusammen, dass im Rahmen der Untersuchung sozialer Phobie und allgemein sozialer Ängstlichkeit in den vergangenen Jahren vermehrt objektive Messungen der stimmlichen Korrelate durchgeführt worden sind. Sozial ängstliche Personen zeigten hierbei eine allgemein höhere durchschnittliche Grundfrequenz der Stimme und eine langsamere Sprechgeschwindigkeit, wenn sie etwas forderten. Auch bei sozial ängstlichen Kindern ließen sich gemäß der Zusammenfassung von Sinn paraverbale Besonderheiten feststellen. Beispielsweise wurden in ihren Stimmen sowohl eine höhere Stimmfrequenz als auch eine größere Variabilität der Stimmfrequenz gemessen – verglichen mit normal entwickelten Kindern. Besonders die Stimmfrequenz scheint vielversprechend zu sein, um Informationen über die Verarbeitung von Ängsten zu bekommen.

Das Ziel der aktuellen Untersuchung bestand nach Sinn darin, Möglichkeiten der quantitativen Analyse paraverbaler Merkmale der Kommunikation in einem naturalistischen psychotherapeutischen Setting zu explorieren und den Zusammenhang dieser Merkmale mit der therapeutischen Beziehung und dem Therapieerfolg zu untersuchen. Die Ergebnisse lassen sich in Bezug auf die Dyade Therapeut/Patient folgendermaßen zusammenfassen: Demzufolge wurde kein Zusammenhang zwischen der Ähnlichkeit der mittleren Stimmfrequenz oder der Ähnlichkeit beim Stimmumfang mit der therapeutischen Beziehung gefunden. Die Überlegung war, dass Therapeut*innen und Patient*innen, die ähnlich schnell sprechen, einen größeren Erfolg bei der durchgeführten Therapie erzielen könnten – eine korrelative Überlegung, die theoretisch weiter zu fundieren wäre (siehe in Kapitel 11 die Tabellen 5 und 6). Sinn betont in seiner Arbeit, dass es sich um eine Pilotstudie handelt. Weitere empirische Forschungen zur Sprechgeschwindigkeit zwischen Therapeut*innen und Patient*innen werden mit Sicherheit bald auf den Weg gebracht, weil sich die technischen Untersuchungsmöglichkeiten aktuell immer weiter verbessern. Nach den Ausflügen in die empirische Stimmanalyse, die für ein theoretisches Netz nötig war, widmen wir uns nun der praktischen Rolle der Stimme in der Praxis.

13 Die Bedeutung der Stimme im psychotherapeutischen Kontext

Im Folgenden wird exemplarisch an sechs Beispielen gezeigt, welche Rolle die Stimme in verschiedenen psychotherapeutischen Kontexten spielen kann: im Rahmen des radikalen Konstruktivismus, im Kontext der Übertragung, der Paartherapie, der Familientherapie sowie der Gruppentherapie nach dem Göttinger Modell und im Kontext des Trainings sozialer Kompetenzen. Die Auswahl dieser Thematiken ist allein bedingt durch meine fachliche Spezialisierung – es könnten ebenso andere Beispiele gewählt werden.

13.1 Die Stimme im Rahmen des radikalen Konstruktivismus

Der optimistisch-eloquente Erickson-Schüler Gunther Schmidt (2004) steht in der Tradition des radikalen Konstruktivismus von Watzlawick und von Foerster. Darin wird betont, dass es die Realität an und für sich überhaupt nicht gibt, sondern dass diese Realität immer konstruiert wird. Im Rahmen des sozialen Konstruktivismus hingegen wird die Realität immer unter den Interaktionen zwischen den Protagonisten ausgehandelt. Vor diesem philosophischen Hintergrund des radikalen Konstruktivismus ist es nur folgerichtig, wenn Gunther Schmidt betont, dass es sich bei der Stimme in erster Linie »nur« um Schallwellen handelt (Schmidt, 2015). Diese physikalischen Schallwellen können keine objektive Bedeutung haben, darüber bestimmt vielmehr immer subjektiv der Empfänger. Um es gleich vorwegzunehmen: Ich bin kein Anhänger des radikalen Konstruktivismus, aber die Betonung, dass es sich bei der Stimme erst einmal »nur« um Schallwellen handelt, hat ihren besonderen Charme, dem wir uns nicht entziehen können. Denn diese Auffassung kann uns in der Therapie weiterhelfen, wenn wir Einstellungsänderungen stimulieren wollen. Daher ist mir diesbezüglich der Ansatz des radikalen Konstruktivismus sehr sympathisch.

Wir können z. B. einen Patienten unterstützen, der sich von einer Aussage X eines Gegenübers schwer gekränkt fühlt, indem wir ihm sagen: »Bitte, treten Sie einen Schritt zurück, beruhigen Sie sich und verdeutlichen Sie sich, dass es sich bei dieser Aussage X Ihres Gegenübers erst einmal nur um Schallwellen handelt!« Diesen Satz sagen wir in einer ruhigen, monotonen und tiefen Stimme. Kein Satzteil wird dabei besonders intoniert. Dieses Angebot einer Bewertungsumlenkung – mit der entsprechenden Prosodie der Stimme gesprochen – kann durchaus positive Effekte zeigen. Unsere Intervention muss allerdings auch berücksichtigen, dass sich die Aussage X des Gegenübers auf unterschiedliche Strukturniveaus (Doering u. Hörz, 2012) und auf hochspezifische Ausgangsbedingungen der Patient*innen gründet. Diese unterschiedlichen Strukturniveaus und eigentümlichen biografischen Ausgangsbedingungen haben die einflussreichen Kommunikationspsychologen Watzlawick und von Foerster nur unzureichend berücksichtigt. Das bedeutet: Sage ich einem gut strukturierten Patienten, dass es sich bei der Stimme des Gegenübers nur um Schallwellen handelt, so wird diese Aussage seine Kränkung dämpfen können und eine Einstellungsänderung gegenüber der Aussage X bewirken – bei entsprechender therapeutischer Unterstützung. Biete ich jedoch einem schwach strukturierten Patienten dieses Angebot einer Umdeutung der Aussage X des Gegenübers an (es handle sich doch nur um Schallwellen), so dürfte dieser Patient damit weniger oder gar nichts anfangen können, weil er dafür weder die kognitiven noch die emotionalen Voraussetzungen hat. Neurobiologisch betrachtet müssen die Synapsen für eine schnelle Aufnahme eines Wechsels der Sichtweise »Aha, es ist keine Kränkung, es sind nur Schallwellen!« erst noch durch die Psychotherapie gebildet werden. In der allgemeinen Formulierung hat der radikale Konstruktivismus, wie schon betont, für mich seinen Charme. Dieser schwächt sich leider etwas ab, wenn die Therapeut*innen vor völlig unterschiedlich strukturierten Patient*innen stehen. Hier gilt das Aperçu: »Meine Kolleg*innen, wenn Sie direkt vor Patient*innen stehen, vergessen Sie bitte alle Theorien!«

Jeder, der schon einmal mit traumatisierten Patient*innen gearbeitet hat, weiß, wie schnell bestimmte Stimuli diese Patienten so triggern können, dass sie emotional in Nanosekunden davon überschwemmt werden. In diesem Kontext hilft es nicht weiter, zu betonen, dass es der Empfänger ist, der den Stimuli die Bedeutung gibt. Diese Patienten müssen in einem ersten Schritt zunächst darin unterstützt werden, Skills aufzubauen, um sich emotional zu beruhigen. Wird einem Therapeuten in der Übertragung blitzschnell die Rolle eines Täterintrojektes zugeschrieben, übernimmt das limbische System in diesem Fall die autoritäre Herrschaft. Negative Bewertungsprozesse laufen automatisiert und unwillkürlich ab. Diese hochemotionalen Prozesse gilt es zu stoppen. Daher macht es erst in einem zweiten Schritt Sinn, kognitiv an der Bedeutungszuschreibung zu arbeiten (siehe Fallbeispiel im folgenden Kapitel 13.2).

Auf die weiteren Schwächen eines radikalen Konstruktivismus soll in diesem Buch nicht näher eingegangen werden, erwähnenswert ist aber noch: Jeder Patient hat nur ein begrenztes Repertoire, um in der Übertragung seine malignen Objektbeziehungsdyaden zu aktivieren. Die Übertragung ist nicht willkürlich, sie kann nicht beliebig konstruiert werden, sondern unterliegt biografischen Eigentümlichkeiten des Individuums (vgl. Kapitel 14.4 zu Kernberg). Gleichzeitig wird die biografische Realität in der Übertragung nicht *eins* zu *eins* »objektiv« abgebildet, vielmehr sind Konstruktionsprozesse von Bedeutung. Diese sind aber nicht völlig beliebig und die Übertragung ist nicht völlig offen. Daher spreche ich in der Psychotherapie nicht von einem radikalen, sondern von einem *biografischen Konstruktivismus*. In diesem Konzept besteht die Stimme aus Schallwellen, die aber nicht von einem neutralen Spiegel reflektiert werden, sondern von einer individuellen Biografie, die wiederum zwar keine objektive, aber eine *subjektive Prägekraft* hat. Es ergibt sich in Bezug auf die Psychotherapie erkenntnistheoretisch ein Dreiklang: biografischer Konstruktivismus, individuelle Biografie und eine subjektive Prägekraft dieser individuellen Biografie.

Hinzu kommt ein weiterer Schönheitsfehler des radikalen Konstruktivismus: Er basiert auf einer narzisstischen Allmachtsphantasie mit dem Inhalt »Ich als Empfänger gebe den Signalen die Bedeutung«. Diese Phantasie verleugnet, dass die Signale auch ihre eigentümlichen Charakteristika haben können, die wir wiederum nicht ausblenden können (siehe das Beispiel mit den traumatisierten Patient*innen, S. 97). Das Gefühl sagt: »Der radikale Konstruktivismus ist attraktiv. Wir sind völlig frei in unserer Bewertung der Realität.« Der Verstand sagt jedoch: »Dies ist zu schön, um wahr zu sein. Wir können auch eine Mauer nicht durch Singen zum Einsturz bringen!« An dieser Stelle muss ich die erkenntnistheoretischen Überlegungen zum Sender-Empfänger-Verhältnis leider abbrechen, um den Fokus wieder auf die Stimme zu richten.

13.2 Die Stimme als Katalysator der Übertragung

In diesem Kapitel wird die Rolle der Stimme beleuchtet – zunächst aus Therapeutensicht, dann aus Patientensicht. Ich beschreibe ausführlich in meinem Artikel »Unerwartete heftige Reaktivierung traumatischer Erlebnisse« (Schattenburg, 2011, S. 338 ff.), welche belastende Auswirkung der *Tonfall der Stimme* des Therapeuten auf den Patienten während einer stationären Therapie haben kann.

Eine Patientin nahm bei einem sechswöchigen Aufenthalt in einer Klinik ab der zweiten Woche an einer indikativen *b*erufsbezogenen *T*herapie*g*ruppe *(BTG)* teil. Die Patientin schilderte in dieser Gruppe ausführlich ihre beruflichen Belastungsfaktoren, die darin bestanden, dass sie zu viel arbeiten müsse (60 Stunden/Woche) und dass sie keine Unterstützung von ihrem Chef bekomme. Sie sei mehrfach bei ihm vorstellig geworden, um eine Umstrukturierung der Arbeit und eine Aufstockung des Stellenplans zu organisieren. Die Patientin schildert in dieser indikativen Gruppentherapie sehr emotional, dass ihre Anliegen immer abgelehnt worden seien, was sie sehr frustriert habe. Sie habe sich gegenüber dem Chef ohnmächtig gefühlt, keinen »Biss gehabt«, wie es die Patientin selbst formulierte. Nachdem sie ihre berufliche Situation ausführlich dargestellt hatte, wurde sie gemäß unserem therapeutischen Konzept behandelt (ausführlich in Schattenburg, 2011). Zuerst konnten die Mitpatienten dieser Protagonistin Fragen stellen, um ihre Lage besser zu verstehen. Danach wurde sie gefragt, ob sie mit der Spiegelung durch die Mitpatienten einverstanden wäre. Dies bejahte die Patientin. Daraufhin wurde in der Spiegelung durch die Mitpatienten herausgearbeitet, dass sie nicht »Nein« sagen könne, eine zu hohe Verantwortungsbereitschaft habe und sich gegenüber dem Chef nicht durchsetzen könne. Nachdem die Gruppensitzung auf den ersten Blick sehr konstruktiv verlief und keinerlei Anzeichen ersichtlich waren, dass die Protagonistin durch die Fragen des Gruppenleiters oder der Mitpatienten überfordert war, sagte der Gruppenleiter:

»Ich habe noch nicht verstanden, warum Sie sich gegenüber Ihrem Chef nicht durchsetzen konnten, obwohl Sie doch in leitender Position sind!«

Daraufhin erwiderte die Patientin, dass sie nicht die Kraft dazu habe und dass sie zu verantwortungsbewusst sei. Als anschließend diese Therapiestunde, in der die Protagonistin im Vordergrund stand, zu Ende ging, gab es noch immer keinerlei Hinweise darauf, dass die Patientin aufgrund der Spiegelung durch die Mitpatienten oder durch die Interventionen des Gruppenleiters überfordert gewesen sei.

Doch dieser Eindruck stellte sich wenig später als Fehleinschätzung heraus. Denn am Tag darauf führte der Gruppenleiter die übliche Visite auf Station durch. Das therapeutische Team betrat das Zimmer der Patientin, setzte sich hin und startete guten Mutes die Visite. Als der Gruppenleiter nun die Patientin fragte, wie es ihr gehe und wie sie denn gestern die berufsbezogene Therapiegruppe erlebt habe, verfinsterte sich ihr Gesicht schlagartig: Sie reagierte schwer depressiv, verstört und sagte kein Wort. Von dieser Reaktion völlig überrascht fragte der Gruppenleiter nach, was denn passiert sei, warum sie nicht antworten könne. Auch auf diese Nachfrage sagte die Patientin nichts, guckte lediglich verstört auf den Boden. Ihre dissoziative Bewältigung wurde in dem Moment deutlich spürbar. Das Team entschied, die Visite abzubrechen, um die Patientin nicht zu überfordern.

Die Bezugstherapeutin bot ihr am selben Nachmittag noch ein Einzelgespräch an, um ihre Reaktion aufzuarbeiten und zu verstehen. In diesem Einzelgespräch vertraute nun die Protagonistin der Bezugstherapeutin an, dass just in der vergangenen Gruppentherapiestunde traumatische Erlebnisse mit ihren Eltern hochgekommen seien. Der Gruppenleiter hätte sie dabei stark an ihren Vater erinnert. Die Patientin schilderte, dass auch für sie die traumatischen Erinnerungen völlig überraschend und blitzartig aufgetreten sind. Zu weiteren Details dieses Fallbeispiels und zum Fortgang der therapeutischen Behandlung siehe meinen früheren Artikel (Schattenburg, 2011). An dieser Stelle muss ich mich im Referat der Kasuistik auf die Stimme fokussieren. In der Nachbesprechung der Gruppentherapiestunde, in der die Patientin Protagonistin war, konnte noch einmal der kritische Satz des Gruppenleiters rekonstruiert werden:

»Ich habe noch nicht verstanden, warum Sie sich gegenüber Ihrem Chef nicht durchsetzen konnten, obwohl Sie doch in leitender Position sind!«

Die Patientin schilderte nun in der Nachbesprechung, dass dieser Satz mit einer »scharfen Stimme« gesprochen worden sei und sie ihn daher als einen Vorwurf empfunden habe. Der Gruppenleiter selbst konnte sich auch noch daran erinnern, dass er diesen Satz durchaus mit einer »konfrontativen Stimme« gesprochen habe, er dies aber in der entsprechenden Situation für sozial angemessen und zumutbar hielt. Beim Verständnis dieses Falls hilft die fundamentale Unterscheidung von konkordanter und komplementärer Gegenübertragung, wie diese vor allem vom argentinischen Psychoanalytiker Racker (2017) herausgearbeitet und später von Kernberg in seinen Schriften übernommen wurde (siehe Kapitel 14.4). In der Nachschau der oben beschriebenen Stunde konnte von einer komplementären Gegenübertragung ausgegangen werden. Der Gruppentherapeut war mehr oder weniger unbewusst mit dem sadistischen Über-Ich und dem »inneren Richter« (Wurmser, 1998) der Patientin identifiziert. Dieses Über-Ich kreidete der Patientin ihr Unvermögen und ihr Versagen an. Bei einer konkordanten Gegenübertragung wäre der Therapeut mit dem schwachen Ich der Patientin identifiziert gewesen. In diesem Fall hätte der Therapeut mit einer warmen, sanften Stimme sagen können:

»Es tut mit leid, dass Sie so Schwierigkeiten mit dem Chef haben. Er behandelt Sie wirklich mies. Sie brauchen von uns in der Gruppe und auch von mir noch mehr Unterstützung, um sich zu stabilisieren. Wir müssen Ihnen in dieser Gruppe zu mehr Selbstschutz vor diesem sadistischen Chef verhelfen!«

Interessant war nun herauszuarbeiten, warum der Gruppentherapeut in dieser Stunde eine komplementäre Gegenübertragung entwickelt hatte. Die Analyse dieser Gegenübertragung half beim Verständnis der Patientin weiter. Ihre eigenen Anteile am Arbeitskonflikt konnten so peu à peu herausgearbeitet werden, nachdem es allerdings große Anstrengung erfordert hatte, die unerwartete, heftige Übertragung der Wut (galt dem sadistischen Vater) auf den Therapeuten empathisch aufzufangen und dann abzuschmelzen. Am Ende des Klinikaufenthaltes gab die Patientin an, dass sie von dieser Reaktivierung ihrer unbewältigten Wut und ihres Hasses auf den Vater doch profitieren konnte und ein tieferes Verständnis für ihre unbewältigten, nicht entschärften Konflikte fand. Obwohl die Reaktivierung für sie emotional anstrengend gewesen sei, war die Therapie für sie hilfreich – betonte die Patientin im Abschlussgespräch.

Zum Schluss dieser Fallvignette sei angemerkt, dass Gruppentherapien durchaus unerwünschte Nebenwirkungen haben können, die es zu antizipieren und therapeutisch aufzufangen gilt. Es ist wichtig, bereits in der Ausbildung vermehrt auf derartige Nebenwirkungen und ihre Neutralisierung hinzuweisen. Völlig unerwartet auftretende Übertragungen sind in der Psychotherapie immer möglich, sie sind nicht vorhersehbar. Zu den aktuell in den Fokus gerückten Nebenwirkungen der Psychotherapie sei auf Linden und Strauß (2018) verwiesen.

Nachdem wir die Stimme aus Therapeutensicht betrachtet haben, wechseln wir nun die Perspektive und beschäftigen uns mit der Stimme aus Sicht der Patienten. Dazu finden wir ein sehr aussagekräftiges Beispiel für die Rolle der Stimme in der Übertragung bei dem Psychoanalytiker, Ethnologen und Maler Fritz Morgenthaler (1978, S. 62 f.):

»Vor vielen Jahren hatte ich einen jungen Mann in Analyse, der ganz normal mit mir sprach. In einer bestimmten Phase der Analyse begann er zunächst fast unmerklich, dann in immer auffälligerer Weise, *lauter zu reden* [Hervorh. d. Verf.], bis er seine Aussagen beinahe herausbrüllte. Ich fragte ihn, weshalb er so laut spreche. Darauf antwortete er: ›Sie sind doch schwerhörig.‹

Ich sagte: ›Seit wann, glauben Sie, ich sei schwerhörig?‹
Er antwortete: ›Sie waren immer schon schwerhörig. Ich habe stets so laut gesprochen, damit Sie mich verstehen.‹«

Im weiteren Gespräch über diese Phantasie teilte der Analysand mit, dass sein Vater seit der frühen Kindheit des Patienten schwerhörig gewesen sei. Morgenthaler nimmt nun diese Übertragung als Möglichkeit, den analytischen Prozess zu vertiefen. Er bespricht mit dem Patienten, dass etwas aus der psychischen Vergangenheit als Fremdkörper in die Beziehung zum Analytiker eingeflossen ist, wie dies zu verstehen sei und welche unbewussten Prozesse dabei am Werke gewesen sein könnten.

Dieses Beispiel von Morgenthaler zeigt, wie die Stimme in der Übertragung nun in derselben Stunde, in der sich die Übertragung entwickelt, erst wirksam werden kann durch das Setting mit zwei verkörperten Selbst. Mit Sicherheit werden auch durch internetgestützte Interventionen Übertragungen ausgelöst. Ich kann beispielsweise per E-Mail schreiben, dass ich mich von meinem Online-Therapeuten nicht ernstgenommen fühle – ohne Interaktion, rein als Aussage. Kann aber über das Internet auch atmosphärisch eine vergleichbare emotionale Vertiefung zwischen Therapeut*innen und Patient*innen erreicht werden, wie es Morgenthaler in seiner Fallvignette einfühlsam beschreibt? Diesen Beweis mögen die Online-Therapeut*innen noch liefern.

13.3 Die Stimme in der Paartherapie

Der Psychologe John Gottman (1995, 2014) hat in der Paarpsychologie und -therapie bahnbrechende Arbeiten in den 1980er Jahren vorgelegt. Gottman konnte dabei von der aufkommenden Videotechnik in hohem Maße profitieren. Ausgangspunkt für seine Forschungen und die großzügigen finanziellen Förderungen war die hohe Scheidungsrate in den USA. Für seine Studien nahm er Paare auf Videos auf, ließ sie miteinander diskutieren und streiten. Diese Videos konnten im Nachhinein in Ruhe ausgewertet werden. Die Psycholog*innen waren dabei natürlich geschult, den emotionalen

Gehalt von Worten, Gesichtsausdrücken und Gesten zu analysieren. Jede Nuance, die Kritik, Widerwillen, Verachtung, Kränkung usw. anzeigte, wurde kodiert. In den Forschungslabors von Gottman wurden die Proband*innen mit Elektroden ausgestattet und über diverse Videokameras bzw. Mikrofone aufgezeichnet. Sobald die Paare in den Labors waren, zeigten sie trotz der Drähte und der Technik die ganze Bandbreite ihrer emotionalen Interaktionen. Nach Gottman kann man mit einer 90 %-Wahrscheinlichkeit voraussagen, welche neu verheirateten Paare sich nach vier bis sechs Jahren wieder scheiden lassen, und mit einer 81 %-Wahrscheinlichkeit, welche Ehe nach sieben bis neun Jahren in die Brüche geht. Im Mittelpunkt der Vorhersagen stehen die »vier apokalyptischen Reiter« der Paarbeziehung: Kritik, Abwehr, Verachtung/Geringschätzung und Rückzug/Blockade. Diese vier Aspekte werden sicherlich für sich genommen noch einmal eine unterschiedliche Kraft entwickeln. Gottman sieht vor allem in der Verachtung den größten Feind der Ehe.

Kritik bedeutet, dass einer den anderen in der Partnerschaft mit Schuldzuweisung und Anklagen überzieht. Abwehr zielt darauf, dass ein Partner seine eigenen Anteile an den Konflikten verleugnet respektive sie nicht sehen will. Verachtung und Geringschätzung fokussieren darauf, dass der Partner abgewertet und offen gekränkt wird. Rückzug und Blockade beinhalten, dass ein Partner sich der Diskussion mit seinem Gegenüber schlichtweg nicht stellt und diese kategorisch abblockt.

Gottman analysiert im Detail, ab welchem Ausmaß diese »vier apokalyptischen Reiter« gefährlich werden können. Die Gottman-Konstante besagt, dass in stabil-zufriedenen Beziehungen das Verhältnis von positivem zu negativem Verhalten 5:1 betragen muss. Es ist klar, dass in jeder Partnerschaft hin und wieder negative Kommunikationen auftreten. Entscheidend ist dabei der erwähnte Koeffizient von 5:1, ob diese negativen Kommunikationen gefährlich werden können für die Stabilität der Beziehung. Aufgrund seiner bahnbrechenden empirischen Forschung entwickelte Gottman gemeinsam mit seinen Schüler*innen diverse Kommunikationstrainings, um nachzuweisen, dass die Trennungs- bzw. Scheidungsrate deutlich reduziert werden kann, wenn es gelingt, die »vier apokalyptischen Reiter« zu neutralisieren.

Zurück zu unserem Thema der Stimme. Folgendes Beispiel zeigt, welche Bedeutung die Stimme innerhalb einer Paarinteraktion haben kann. Gottman möchte damit verdeutlichen, wie stabile Paare ihre positiven Einstellungen zueinander auf mannigfaltige Weise ausdrücken:

> »Zeigen Sie Interesse. Seien Sie wirklich an dem interessiert, was Ihr Partner sagt. Ihre Frau beklagt sich z. B. über einen Angestellten, dessen verantwortungsloses Verhalten dazu führte, dass sie wieder einmal ihren Bus verpasste. Sie *sagen mitfühlend* [Hervorh. d. Verf.] und bestimmt: ›Ist das wirklich wahr? Ich kann einfach nicht glauben, dass er wieder zu spät gekommen ist und du dafür bleiben musstest und dann deinen Bus verpasst hast!‹ Aber Interesse kann auch subtiler gezeigt werden, indem man einfach signalisiert, dass man wirklich zuhört und interessiert ist – sagen Sie zum richtigen Zeitpunkt ›Aha‹, nicken Sie und sehen Sie Ihrer Frau in die Augen, während sie spricht« (1995, S. 70).

An diesem Beispiel sehen wir, wie wichtig die Prosodie der Stimme ist – hier geprägt von Wärme und Ruhe, aber auch Bestimmtheit. Ferner wird die Wirkung der Stimme abgerundet, wenn diese mit der Körperhaltung (Nicken) und der Mimik (in die Auge sehen) kongruent ist (siehe Kapitel 16.6 und 16.26 im praktischen Teil).

Gottman hat nicht nur die beschriebenen »vier apokalyptischen Reiter« identifiziert, sondern er unterscheidet auch noch drei Typen von Paaren (1995, S. 68): impulsive, konstruktive und konfliktvermeidende Paare. Impulsive Paare mögen zwar viel herumschreien, das muss aber noch nicht beziehungsgefährdend sein, wenn sie die Gottman-Konstante 5:1 beherzigen, also im Ausgleich viel Zeit darauf verwenden, sich Gutes zu tun, sich nicht zu verachten und sich wertzuschätzen.

Gottman hat die Stimme bei der Kodierung der Probandenvideos nicht systematisch untersucht, obwohl er stets die Prosodie der Stimme im Blick hatte. Vor allem bei der Kritik spielt das *Weinerliche in der Stimme* eine große Rolle: »Du bist immer so gemein zu mir!« Mit den heutigen verbesserten technischen Möglichkeiten der Analyse von Big Data (vgl. Nasir, Baucom, Georgiou u. Narayanan, 2017; Timmons et al., 2017) wäre es spannend zu schauen, ob mittels einer Stimmanalyse eine Vorhersage getroffen werden kann über die Wahrscheinlichkeit einer Trennung respektive Scheidung. Dazu müssten erst einmal *Prosodieprofile* definiert werden, die gefährlich werden könnten für die Stabilität einer Beziehung. Wie im obigen Beispiel gesehen, würde Schreien als Prädiktor für eine Scheidung nicht ausreichen – ein erklärendes Prosodieprofil müssten demnach die Verachtung in der Stimme mit abbilden. Ferner müssten das Weinerliche und das Verachtende in der Prosodie der Stimme miteinander verrechnet werden. Gemäß Gottmans Hypothesen gilt: Ein günstiges Prosodieprofil im Rahmen der gesamten Datenerfassung über alle Videos hinweg könnte das Schreien (30 %) und eine warme Stimme (70 %) beinhalten. Ein ungünstiges Prosodieprofil hingegen besteht aus Schreien (30 %) und kalter Stimme (70 %). Eine solche im Timbre kalte und ängstliche Stimme ist demnach der Indikator für ein ungünstiges Prosodieprofil. Aber: Würde die Dominanz einer kalten oder weinerlichen Stimme schon ausreichen für die Vorhersage einer Trennung, wenn sonst der Partner ein optimistisches Timbre in der Stimme hätte? So könnte ein entsprechendes Prosodieprofil aussehen: kalt/weinerlich/pessimistisch vs. kalt/weinerlich/optimistisch. Ein derartiges Prosodieprofil muss also erst noch definiert werden – dies ist bis dato in der Paarpsychologie noch nicht unternommen worden. In diesem Sinn könnte man den oben beschriebenen Gottman-Koeffizienten übernehmen, weiterentwickeln und in Bezug auf die Stimme adaptieren. Eine konstruktive Prosodie der Stimme (ruhig, warm, empathisch, freundlich, zärtlich) muss im Verhältnis 5 : 1 stehen gegenüber einer destruktiven Prosodie (laut, schreiend, kalt, abweisend), wenn die Beziehung stabil bleiben soll. Es gibt Versuche, über die Stimmanalyse in einer Partnerschaft die Wahrscheinlichkeit einer Trennung zu berechnen (Timmons et al., 2017).

Zum Schluss dieses Kapitels lade ich den Leser und die Leserin ein (sollte er/sie Interesse und Zeit haben), den mitreißenden Film »Who's Afraid of Virginia Woolf?« mit Elizabeth Taylor und Richard Burton zu sehen und deren Interaktionen einer Stimmanalyse zu unterziehen. Dieser Film ist hervorragend für die Didaktik dieses Buches geeignet. Eng mit der Paarpsychologie ist die Familienpsychologie verbunden, weil die meisten Paare eine Familie bilden. Dies führt uns zum nächsten Kapitel.

13.4 Die Stimme in der Familientherapie

Thematisch konzentriere ich mich bei meiner Stimmuntersuchung zwar auf die Erwachsenenpsychotherapie, doch ist die Entwicklungs- und Familienpsychologie gleichwohl von hoher Bedeutung, da sie zu den Ausbildungsfächern innerhalb der Psychotherapie gehören. In diesem Kontext sei auf die Theorie der High-Expressed-Emotions hingewiesen. Die Hypothese dieser Theorie lautet, dass ein chronisch hoher Wert der Emotionalität innerhalb einer Familie die Prognose von psychischen Störungen wie Schizophrenie und Angststörungen beeinflussen kann. Beispielsweise ist ein Familienmitglied mit einer hohen emotionalen Expressivität gegenüber einem anderen Familienmitglied, das psychische Probleme hat, feindlich eingestellt, sehr kritisch und wenig tolerant (vgl. Hantel-Quitmann, 2015). Diese erhöhte Emotionalität müsste sich jeweils in der Stimme der Familienmitglieder abbilden. Entsprechende Stimmaufnahmen dürften Aufschluss darüber geben, ob dort viel geschrien wird, respektive mehr als in unauffälligen Familien. Dies empirisch nachzuweisen, ist sehr anspruchsvoll, weil sich neben methodologischen Fragen auch Probleme des Datenschutzes und der Wahrung der familiären Intimität ergeben. Dennoch bleibt das *familiäre Stimmverhalten* auf der Tagesordnung der klinischen Familienpsychologie. Das System Familie ist noch einmal deutlich komplexer als das System Paar. Wir könnten – in Anlehnung an die Ausführungen zur Paarpsychologie in Kapitel 13.3 – einen Koeffizienten bilden aus günstiger vs. destruktiver Prosodie in Bezug auf das ganze Familiensystem. Ganz einfach gefragt: Wird in der Summe aller Kommunikationen zwischen allen Familienmitgliedern mehr geschrien als normal gesprochen? Zunächst einmal müsste eine Prosodiediagnostik in Bezug auf das Familiensystem durchgeführt werden. Derartige Messinstrumente für eine familiäre Prosodiediagnostik liegen bis dato nicht vor. Sollte sich für das Familiensystem ein ungünstiger Prosodiekoeffizient nachweisen lassen, hätte das für die Familientherapie weitreichende Konsequenzen.

13.5 Die Stimme in der Gruppentherapie: das Prinzip Antwort im Göttinger Modell

In den 1960er und 1970er Jahren wurde unter dem Einfluss der damals dominanten Gruppendynamik und Sozialpsychologie von Heigl und Heigl-Evers sowie Mitarbeitern in Göttingen eine Gruppentherapie entwickelt, die unter dem Begriff »Göttinger Modell« bekannt wurde (Heigl-Evers u. Ott, 1995; Streeck u. Leichsenring, 2009). Stark beeinflusst von diesem Modell ist auch der Mitbegründer der OPD Gerd Rudolf (2006, S. 71). Dieses Modell wurde in zahlreichen Büchern und Artikeln referiert, so dass wir uns hier auf das Thema der Stimme konzentrieren können. In den frühen Publikationen war die Prosodie der Stimme bei diesen Urhebern kein Schwerpunkt. Der Ausgangspunkt für die Entwicklung der Gruppentherapie war: In der klassischen Psychoanalyse sei der Therapeut – so die Rekonstruktion der Erfinder des Göttinger Modells – unsichtbar, also in seiner Personalität eingeschränkt zu erkennen. Die Vertreter*innen des Göttinger Modells unterscheiden nun drei Formen der Gruppentherapie: die interaktionelle, die tiefenpsychologische und die psychoanalytische Gruppentherapie. Es wird zudem differenziert zwischen zwei Interventionen: der Deutung und dem Prinzip Antwort. Bei der Antwort geht es darum, dem Patienten eine »selektive Mitteilung der Gegenübertragungsreaktion« mitzuteilen. Dies war eine zum damaligen Zeitpunkt hoch kontroverse Angelegenheit, weil es in der klassischen Psychoanalyse darum ging, die Gegenübertragung höchstens für die Diagnostik zu verwenden. Vor allem in der psychoanalytisch-interaktionellen Therapie, die frühgestörte Patienten behandelt, sollen nach diesem Modell keine Deutungen gegeben, vielmehr soll mit der Antwort des Therapeuten gearbeitet werden. Ein wichtiger Grundsatz ist das Unterlassen einer Analyse der Übertragung in der interaktionellen Gruppentherapie. Vor diesem Hintergrund wurde die Intervention des authentischen selektiven Antwortens entwickelt, die ich den *Dreisatz des Göttinger Modells* nenne und wie folgt zusammenfasse:

»Wenn Sie sich immer so und so verhalten (1. Satz), dann erlebe ich Sie so und so (2. Satz) und dann fühle ich das und das Ihnen gegenüber (3. Satz).«

Jeder, der mit diesem Modell schon einmal in der Praxis gearbeitet hat, weiß, wie anspruchsvoll eine derartige Intervention sein kann. Sie muss relativ schnell zum Einsatz kommen, sprachlich flüssig formuliert werden und inhaltlich gut auf den Patienten angepasst sein. Bezogen auf unser Thema der Stimme liegt es auf der Hand, wie viele unterschiedliche Prosodiemöglichkeiten dieser Dreisatz sprachlich hergeben kann. Dem Patienten soll in erster Linie vermittelt werden, dass er den Therapeuten gefühlsmäßig erreicht. Darüber hinaus sollen dem Patienten Inhalte dazu angeboten werden, dass er sein Verhalten besser versteht und er ein Gefühl dafür bekommt, wie er auf die Umwelt reagiert. Es geht also gleichzeitig um emotionale und kognitive Prozesse, die es gut zu dosieren gilt. Die Praxis zeigt auch, dass diese Intervention – kompetent durchgeführt – gute Effekte erzielen kann. Ein Beispiel aus einer indikativen berufsbezogenen Therapiegruppe, in der berufliche Konflikte fokussiert werden (Schattenburg, 2012), möge dies didaktisch illustrieren. Es versteht sich von selbst, dass der obige Dreisatz mit Takt in einem therapeutischen Prozess eingebettet werden muss. Das folgende Fallbeispiel sollte im emotionalen Kontext gesehen und verstanden werden:

> *»Wenn Sie immer Ihre Kolleg*innen kritisieren (1. Satz), dann erlebe ich Sie als unkooperativ (2. Satz) und dann fühle ich bei mir den Impuls, auch bei Ihnen auf Abstand zu gehen, wenn ich Ihr Arbeitskollege wäre (3. Satz).«*

Hier könnte die Stimme schon angemessen hart und konfrontativ klingen, vorausgesetzt, die Struktur des Patienten und die Gruppendynamik lassen eine derartige Stimme zu. Wir können unsere Aussagen prosodisch unterstreichen durch Lautstärke oder Intonation: vom 1. Satz oder 2. Satz oder 3. Satz. Ich kann auch nur einzelne Wörter während des Sprechens intonieren, wie »kritisieren«, »unkooperativ«, »Impuls« oder »auf Abstand gehen«. Alternativ kann ich den kompletten Satz monoton aussprechen. Als dritte Variante kann der ganze Satz mit einem Ausrufezeichen, als vierte auch mit einem Fragezeichen beendet werden. Schnell haben wir also zahlreiche Kombinationsmöglichkeiten.

Darüber hinaus können wir die Pausen unterschiedlich setzen. Möchte ich z. B. den 3. Satz betonen, würde sich davor eine Pause anbieten. Dieses Beispiel veranschaulicht mit seinem Kontext, dass es keine »richtige Prosodie« gibt, sondern diese abhängt vom therapeutischen Fokus. Zudem ist die Reaktion der Patienten auf die Stimme des Therapeuten entscheidend. Gibt es Zusammenhänge zwischen der Prosodie dieses Dreisatzes und den therapeutischen Effekten bei den Patienten? Es ist schon eine hohe Anforderung an den Therapeuten, sich der Prosodie dieses Dreisatzes einigermaßen bewusst zu sein, während er ihn ausspricht. Dies ist für das Selbstwahrnehmungstraining der Stimme in der Supervision von hoher Bedeutung (vgl. Kapitel 16). Streeck hat sich als Schüler des Göttinger Modells mit Kodierungsmöglichkeiten der Prosodie intensiv beschäftigt (Kapitel 13.5).

Ich kann mich an dieser Stelle nicht weiter kritisch mit dem Göttinger Modell auseinandersetzen. Nur zwei Punkte seien noch erwähnt: Erstens gilt die Rekonstruktion der Urheber dieses Modells, nämlich dass in der klassischen Psychoanalyse der Therapeut in seiner Personalität nur eingeschränkt wahrnehmbar ist, heute als relativiert. Im Rahmen der relationalen Psychoanalyse wurde herausgearbeitet, dass es sich immer um zwei Personen handelt, die den therapeutischen Prozess konstruieren und in der Beziehung steuern. Zweitens ist die Gegenüberstellung von Deutung und Antwort viel zu hart – diese Trennung ist nicht durchzuhalten, weil in jeder Deutung immer ein Element Antwort steckt und umgekehrt. Deutung und Antwort sind nach meiner Auffassung zwei Seiten einer Medaille. Beide Interventionen sind von der Gegenübertragung beeinflusst, was gut anhand der Unterscheidung von konkordanter und komplementärer Gegenübertragung studiert werden kann (vgl. Kapitel 14.4 und 16.12). Ferner ist es schwierig, den Dreisatz nur auf der Beobachtungsebene zu analysieren, was die Urheber des Göttinger Modells im psychoanalytisch-interaktionellen Bereich klar fordern. Es gibt jedoch Beispiele, wo auch im Dreisatz Deutungen einfließen können, z. B. die Deutung eines unbewussten Motivs. Hier eine Variante, bei der eine warme, weiche Stimme zu hören ist:

»Wenn Sie sich immer so unterwürfig verhalten, dann erlebe ich Sie so, dass Sie Ihren Vater schützen wollen, um keine Schuldgefühle zu bekommen, und dann fühle ich bei mir einen Impuls, Sie zu schonen.«

Kurzum: Eine trennscharfe Gegenüberstellung von Deutung und Antwort – wie im Göttinger Modell gefordert – ist einerseits künstlich und einem Klassifikationsimpuls in interaktioneller und psychoanalytischer Gruppentherapie geschuldet, lässt sich andererseits therapeutisch auch nicht durchhalten. Der Dreisatz bleibt in seiner Grundstruktur therapeutisch sehr hilfreich sowie bei der sprachlichen Formulierung in der Praxis des psychotherapeutischen Intervenierens sehr anspruchsvoll, wie meine eigene Erfahrung mit dem Lehren dieses Ansatzes zeigt. Gleichzeitig die Selbstwahrnehmung auf die Prosodie der Stimme und auf den Inhalt des Dreisatzes zu lenken, bedarf einer kontinuierlichen Supervision (siehe Kapitel 16.10).

13.6 Die Stimme im Gruppentraining sozialer Kompetenzen (GSK)

Nach den Ausführungen zur Psychodynamik soll die Verhaltenstherapie (VT) berücksichtigt werden. Es sei am Rande bemerkt, dass VT und Psychodynamik in meinem Verständnis keine Gegensätze sind. Ich zeige, wie die Operationalisierte Psychodynamische Diagnostik (Arbeitskreis OPD, 2006) produktiv auf verhaltenstherapeutisch fundierte Gruppen im Kontext eines *bilingualen Ansatzes* angewendet werden kann (Schattenburg, 2012).

Das Konzept des Gruppentrainings sozialer Kompetenzen (GSK) stelle ich im Rahmen einer stationären psychosomatischen Rehabilitation im Detail vor (Schattenburg, 2008). Viele Studien (Hinsch u. Pfingsten, 2002, S. 92 ff.) haben gezeigt, dass das GSK bei einer Vielzahl von psychischen Störungen erfolgreich helfen kann, wie bei: Angststörungen, Depressionen, somatoformen Störungen, Persönlichkeitsstörungen, Phobien usw. Legen wir die fünf Wirkfaktoren der Psychotherapie von Grawe zugrunde (Beziehungsgestaltung,

Ressourcenaktivierung, Problemaktivierung, Problembewältigung und Motivklärung), so setzt das verhaltenstherapeutisch orientierte GSK relativ schnell bei der Ressourcenaktivierung und der Problembewältigung an. Die Motivklärung ist wiederum traditionsgemäß eine Domäne der Tiefenpsychologie. Beim GSK geht es um das Training sozial angemessenen Verhaltens und nicht um ein aggressives Durchsetzen. Im Vordergrund steht das Trainieren sozialer Kompetenzen wie: legitimes Recht durchsetzen (z. B. ein kaltes Essen zurückgeben, ein Kleidungsstück umtauschen), zwischen selbstsicherem, aggressivem und unsicherem Verhalten unterscheiden, sozial angemessen »Nein« sagen, um Sympathie werben, Gefühle äußern und erkennen, Einfühlungsvermögen zeigen, Kontakte aufnehmen, Kritik äußern und annehmen, sich entschuldigen, Konflikte benennen und konstruktiv entschärfen usw. Schauen wir uns diese Ziele des GSK an, so liegt es auf der Hand, dass dabei die Stimme eine prominente Rolle spielt. Ich kann beispielsweise keine Kritik äußern mit einer brüchigen, in der Intonation absackenden und hohen, piepsigen Stimme. Dies wird beim Gegenüber einfach nicht die gewünschte Wirkung einer sozial angemessenen Ernsthaftigkeit erreichen.

In meinem Konzept des GSK (Schattenburg, 2008, S. 65) werden nun in jeder Sitzung zwei Rollenspiele zum gleichen Thema mit dem gleichen Patienten und den gleichen Partnern durchgeführt, um einen Trainingseffekt zu erzielen. Es wird dabei ein Patient einvernehmlich gesucht, der das gewählte Thema spielen möchte im Rollenspiel, und ein Patient, der die Trainingsrolle übernimmt. Das Rollenspiel kann auch mit mehreren Patienten durchgeführt werden, wenn etwa eine »Tochter« sich gegenüber einem »Elternteil« durchsetzen muss. Beim ersten Durchgang des Rollenspiels geht es darum, dass der Patient sein Thema einbringt. Im zweiten Durchgang geht es um ein Feedback an den Patienten. Dabei spielt nun die Berücksichtigung der Stimme eine große Rolle. Nach meiner Erfahrung haben viele Patienten beim Rollenspiel Schwierigkeiten, mit einer angemessen festen und konzentrierten Stimme zu sprechen. Dies wird dem Patienten zurückgemeldet und im Training dann berücksichtigt. Bei der Durchführung des zweiten Rollenspiels in derselben Sitzung ist es ganz wichtig, dass der Gruppenleiter darauf achtet, dass dieses Spiel mit einem Erfolgserlebnis ausgeht. Sollten die Moderator*innen des GSK das Gefühl haben, dass der zweite Durchgang zu schwierig wird, müssen sie strukturierend eingreifen und darauf hinweisen, dass der Schwierigkeitsgrad nicht zu hoch angesetzt werden darf. Die Trainingspartner müssen dann ausgebremst werden, damit das Rollenspiel nicht zu schwierig wird. Wenn bei einem klassischen tiefenpsychologischen Arbeiten die Stimme des Patienten in Abhängigkeit von der Situation berücksichtigt wird, so steht bei einem klassisch verhaltenstherapeutischen Setting die Stimme von Beginn des Trainings an im Fokus. Bei der Evaluation unseres Konzeptes geben die Patienten an, dass sie von dem *Stimmtraining* im Rollenspiel deutlich profitieren.

Das GSK ist eine sehr anspruchsvolle Gruppentherapie zur Förderung des Selbstbewusstseins und des Sozialverhaltens. Dessen Effekte sind nachgewiesen und wissenschaftlich belegt. Die Moderator*innen dieser Gruppe brauchen eine gute Ausbildung und vor allem in der Anfangsphase der Durchführung eine kontinuierliche Supervision, weil die Patienten durch die Rollenspiele sehr schnell stimuliert und dadurch eventuell auch überfordert werden. Eine gute Strukturdiagnostik der Patienten ist unabdingbar, um den Schwierigkeitsgrad der Rollenspiele einzuschätzen und diese zu moderieren. Ferner benötigt es ein gutes Fingerspitzengefühl, um die Stimme der Patient*innen individuell angepasst zu trainieren.

14 Prosodie der Stimme und therapeutische Interventionen

Zunächst einen Lesehinweis: Bevor ich mit diesem Kapitel 14 starte, sei angemerkt, dass es zwischen diesem Kapitel und dem Kapitel 12 inhaltliche Überschneidungen gibt. Kapitel 12 fokussierte aber verstärkt auf die empirischen Untersuchungen zum Thema Stimme, während das nun folgende Kapitel sich eher auf Aspekte der Interventionen in der Praxis konzentriert. Empirische Forschung, praktische Interventionen und theoretische Überlegungen bilden eine Einheit – die inhaltliche Trennung in unterschiedliche Kapitel ist lediglich den didaktischen Zwängen geschuldet.

Bevor die Therapeut*innen mit der Therapie starten, wird allgemein empfohlen, in sich hineinzuhören: »Wie bin ich heute drauf?« Gelöst, verkrampft, mit frei schwebender Aufmerksamkeit, gereizt, genervt, fokussiert, authentisch, unnatürlich, freundlich, zu technisch usw.? Anschließend wird allgemein empfohlen zu spüren, welche Auswirkungen diese Haltungen auf die Stimme der Therapeut*innen haben können (siehe dazu ausführlich den praktischen Teil Kapitel 16.2–16.7).

Geuter (2015, S. 162) beschreibt, welche Interventionen in der Psychotherapie eingesetzt werden können: Eine Interventionsmöglichkeit, mit der Stimme zu arbeiten, besteht darin, dass bei Patienten ein Gefühl insofern verstärkt werden kann, als man diesem einen stimmlichen Ausdruck verleiht – das ist eine in der Körperpsychotherapie geläufige Technik. Allgemein ist bekannt, dass viele Patienten in der Therapie übererregt sind. Dann könnte eine Intervention so aussehen, dass man diese Patienten bittet, ein Ärger auslösendes Thema langsam und mit weicher Stimme zu schildern. Dies führt zur Ärgerregulation und zur Verlangsamung des Herzschlages. In Tabelle 7 wird grob zusammengefasst, wie Interventionen und Prosodie der Stimme der Therapeuten zusammenhängen können.

Möchte der Therapeut die Beziehung fördern, empfiehlt sich eine warme, ruhige und langsame Stimme. Geht es hingegen darum, die Selbst-Objekt-Grenzen zu trainieren, wäre eine neutrale bis fordernde Stimme sinnvoll usw.

Tabelle 7: Prosodie der Stimme der Therapeut*innen und Ziele der Intervention

Ziele der Intervention	Stimme des Therapeuten	Skalierung
Förderung der Beziehung	warm, ruhig, langsam	0 1 2 3 4
Förderung der Selbst-Objekt-Grenzen	neutral bis fordernd	0 1 2 3 4
Ressourcenaktivierung	ruhig bis fordernd	0 1 2 3 4
Unterstützung der Trauer	warm, langsam, Pausen	0 1 2 3 4
Konfrontation	ruhig bis strenger	0 1 2 3 4
Anamnese	ruhig, langsam, Pausen	0 1 2 3 4
Hypnose, Autogenes Training	ruhig, Pausen	0 1 2 3 4
Deutung	ruhig bis fordernd	0 1 2 3 4
Förderung der Regression	langsam, mit Pausen	0 1 2 3 4
Ressourcenaktivierung	schneller, fester, suggestiv	0 1 2 3 4
Training der Selbstsicherheit	fordernd, suggestiv	0 1 2 3 4

Wir sehen, wie komplex generelle Empfehlungen zur Stimme werden, wenn wir diese Anregungen noch weiter ausdifferenzieren, was in der Literatur bis dato nicht geschehen ist. Das Spektrum z. B. für eine fordernde Stimme reicht von 0 bis 4. Diese Ausdifferenzierung sagt erst einmal allein nichts aus, sie müsste in den Kontext gestellt werden. In manchen Situationen ist eine fordernde Stimme gut, in anderen wieder nicht. Auch können wir die Art der Stimme nach der Diagnostik der Patienten ordnen: Demzufolge empfiehlt sich tendenziell bei Borderline-Patienten eine ruhige Stimme, bei psychotischen Patienten eine ruhig-monotone Stimme und bei unsicheren Patienten innerhalb eines Rollenspiels während eines GSK eine angemessen stimulierende Stimme.

Wenn wir die Ausführungen aus Kapitel 7 zu den Spiegelneuronen wieder aufgreifen, so bedarf es im therapeutischen Prozess einer besonderen Aufmerksamkeit, wie die Stimme des Patienten den

Therapeuten anstecken kann und umgekehrt. Von Grawe wissen wir, dass die Ausstrahlung von Optimismus durch den Therapeuten zu Beginn einer Therapie einen wichtigen Wirkfaktor darstellt für deren Erfolg. Dies müsste sich also auch in der Stimme abbilden: in einer warmen, offenen, deutlichen Stimme, die prosodisch nicht niedergeschlagen, traurig oder pessimistisch rüberkommt. Die Spiegelneuronen der Patient*innen dürften durch diese Stimme aktiviert werden.

Ferner muss sich der Therapeut darüber bewusst sein, dass seine Spiegelneuronen auch durch die Stimme des Patienten beeinflusst werden könnten. Spricht beispielsweise der Patient mit einer depressiven, pessimistischen und traurigen Prosodie, so muss der Therapeut aufpassen, diese nicht bewusst oder unbewusst zu übernehmen. Bei Angst nehmen Vibration und Tonhöhe zu. Letztere steigt aber auch bei Ärger oder Freude, während sie bei Verachtung, Langeweile oder Trauer absinkt und die Stimme zugleich langsamer wird. Eine affektierte Stimme mag bei Patient*innen auf eine histrionische Struktur schließen, eine mechanische Stimme hingegen könnte Ausdruck eines schizoiden Charakters sein.

14.1 Der Ansatz von Riemann

Fritz Riemann, der einen Bestseller über die Angst geschrieben hat, war stilistisch ein begnadeter Autor. Kein Empiriker im modernen Sinn, aber ein subtiler Beobachter. Er ist beeinflusst von der groben Charaktereinteilung des Neopsychoanalytikers Harald Schultz-Hencke und unterscheidet daher depressive, histrionische, zwanghafte und schizoide Struktur. Diese Strukturen haben zwar keine trennscharfe empirische Basis, sind aber für den Alltagsgebrauch ganz nützlich, um Akzentuierungen beim Patienten zu benennen. Riemann ahnt die Bedeutung der Stimme bei der Behandlung etwa von schizoiden Patienten. Ihnen darf man nicht zu nahe kommen, man darf die Selbst-Objekt-Grenzen nicht überschreiten: Dies dürfte sich in einer neutralen bis härteren Stimme widerspiegeln (siehe Tabelle 7). Riemann fokussiert scharfsinnig dieses Problem folgendermaßen:

»Wichtig ist daher vor allem, vorsichtig und langsam Kontakt zu schaffen mit dem Therapeuten als Vertreter der Welt. Da das Sich-Mitteilen wohl die Urform des Kontaktes ist, muss man solchen Menschen diese Möglichkeit in großer Breite geben, muss sie zunächst einfach aussprechen lassen und sie geduldig anhören, dabei versuchen, den Faden der oft so farblos und scheinbar zusammenhanglos hervorgebrachten Gedankenreihen zu erfassen und hier und da aufzuzeigen. Es war mir sehr eindrucksvoll, als eine Patientin dieser [z.B. schizoiden, Anm. d. Verf.] Struktur, die schon mehrere Analytiker aufgesucht hatte, im Rückblick meinte, einer habe ihr bisher am meisten geholfen: Der habe das erste halbe Jahr fast nichts gesprochen« (1982, S. 29).

Hinsichtlich der Betonung des geduldigen Anhörens erinnern wir uns an die Ausführungen von Maio in Kapitel 11.1 zum Thema »Stimme, Sprechen und Hören«. Eine Stimme kann nicht nur trösten und stützen, sondern auch invasiv wirken, also ein negativ getöntes Objekt reaktivieren. Sich dieser Macht der Stimme bei bestimmten Persönlichkeitsstrukturen (im Beispiel von Riemann bei der schizoiden Struktur) zu vergewissern, dürfte von besonderem therapeutischem Wert sein. Dies mag auch für traumatisierte Patienten gelten. Grawe würde in Anlehnung an Riemanns Zitat von einer komplementären Beziehungsgestaltung sprechen, die für den Erfolg einer Therapie von hoher Bedeutung ist und in deren Rahmen ich mich zunächst auf die Bedürfnisse des Patienten einstelle. In unserem Beispiel geht es also darum, einem Patienten, der viel Raum braucht, zunächst einmal auch viel Raum zu geben.

Kommen wir zurück zu den eingangs im Buch geäußerten konstruktiv-wohlwollenden Bedenken gegenüber einer digitalisierten Psychotherapie. Was bedeutet eigentlich die Empfehlung innerhalb einer solchen Therapie, einem Patienten viel Raum zu geben? Können wir diese komplementäre Beziehungsgestaltung denn überhaupt auch bei einer digitalisierten Psychotherapie berücksichtigen? Kann bei einer internetgestützten Intervention über E-Mails der Wirkfaktor eines »geduldigen Anhörens« eigentlich zum Tragen kommen?

14.2 Der Ansatz von Geuter

Der Körpertherapeut Ulfried Geuter (2015, S. 300 f.) arbeitet heraus, wie die Prosodie der Stimme des Therapeuten direkt auf den Patienten einwirken kann. In diesem Zusammenhang kann es manchmal für einen Patienten wichtiger und wirksamer sein, wie sich der Therapeut anhört, als das Gesagte selbst. Wir sollten uns an dieser Stelle zum einen nochmal das Kommunikationsquadrat von Schulz von Thun im Kapitel 6 zum Abc der Stimme in Erinnerung rufen, zum anderen die wegweisende Aussage von Watzlawick, dass jede Kommunikation immer einen Inhalts- und einen Beziehungsaspekt hat. Geuter betont, dass eine Deutung nur wirksam werden könne aufgrund ihrer paraverbalen Einbettung in den Klang der Stimme. Diese Beobachtung macht Geuter an folgendem Therapiebeispiel deutlich:

> »Ich sage einer Patientin in einem teilnehmenden, nicht sachlichen Ton: ›Und der Schmerz über den Verlust Ihres Bruders wird immer wieder wach.‹ Die Patientin sagt: ›Ja, das ist es, und ich falle immer wieder in diesen schwarzen Abgrund.‹ Dann entsteht eine Stille, in der ich nur ›Ja‹ sage, aber auf eine Art, die der Patientin zu verstehen gibt, dass ich sie tief verstanden habe.«

Hier wäre es interessant, die Prosodie dieses »Ja« weiter zu untersuchen: Das Wörtchen kann kurz gesprochen werden, tief oder hell, lang gezogen, mit einer unterschiedlichen Intonation (abfallend, ansteigend) usw. Geuter untersucht jedoch seine Annahme, die Patientin verstanden zu haben, nicht weiter. Auch wäre hier eine Praat-Analyse hilfreich, in der die Worte des Therapeuten und der Patientin in ihrer jeweiligen Abfolge untersucht werden. Erinnern wir uns an das kurz gesprochene »Mhm« von Buchholz im Kapitel 12.4, das in seiner Prosodie sehr unterschiedliche Auswirkungen haben kann.

14.3 Der Ansatz von Erickson

Würde man Psychotherapeut*innen fragen, was ihnen bei ihrer therapeutischen Arbeit am wichtigsten wäre und worauf sie selbst am meisten achten, so würde man höchst unterschiedliche Antworten bekommen: Ein(e) Therapeut*in ist beispielsweise Fan des Prinzips Antwort aus dem Göttinger Modell und deswegen ist ihm/ihr eine elegante sprachliche Formulierung beim Dreisatz (siehe Kapitel 13.5) wichtig, die ihm/ihr ein Erfolgserlebnis vermittelt. Ein(e) zweite(r) Therapeut*in würde angeben, dass bei ihm/ihr die vertraute Beziehung im Vordergrund steht. Ein(e) dritte(r) Therapeut*in würde sagen, ihm/ihr kommt es in erster Linie darauf an, dass der/die Patient*in Einsichten gewinnt. Und für eine(n) vierte(n) Therapeut*in ist es hingegen wichtig, dass der/der Patient*in möglichst schnell wieder seine/ihre Ressourcen zurückgewinnt. Man könnte diese Fragen an die Therapeut*innen systematisieren, einen Fragebogen dafür entwickeln und die Therapeut*innen bitten, ihre Ziele von 0 bis 10 zu skalieren (10 wäre besonders wichtig, Mehrfachantworten wären möglich).

Würden wir nun unsere Fragen Milton Erickson, dem begnadeten Hypnotiseur aus dem letzten Jahrhundert, stellen, so würde er der Stimme eine 10 geben – nach unserer Einschätzung. Zwischen Hypnose und Stimme besteht nämlich bei ihm ein enger Zusammenhang. Daher trägt das Buch des Erickson-Schülers Jeffrey Zeig (2018) den passenden Titel »Meine Stimme begleitet Sie überallhin«. Dies ist ein Zitat von Milton Erickson und soll im folgenden Fallbericht verdeutlicht werden. Die Hypnose wurde aus einem Lehrseminar mit Milton Erickson übernommen, das auf Video aufgenommen und dann transkribiert wurde (Zeig, 2018, S. 112 f.). Hier ein grober Abriss vom Inhalt: Es geht um die Patientin Sally aus einer Gruppentherapie, die an der vorherigen Sitzung nicht teilgenommen hat und plötzlich in die aktuelle Sitzung hineinplatzt, denn sie kommt zu spät:

»*Sally:* ›Ich hab einen günstigen Moment abgewartet, Sie zu unterbrechen. Mal sehen, ob ich noch einen Stuhl finde.‹

Erickson: ›Ich kann jederzeit unterbrechen, also kommen Sie rein und suchen Sie sich einen Stuhl.‹«

Es folgen mehrere Interaktionen zwischen Sally und Erickson, die wir hier jedoch überspringen.

»*Erickson:* ›Da können wir einen anderen festen Glauben zur Ruhe betten, nämlich den, man sollte bei der Psychotherapie immer dafür sorgen, dass sich die Patienten wohl fühlen. Ich hab mir alle Mühe gegeben, dafür zu sorgen, dass ihr unbehaglich wurde, dass sie sich auffällig vorkam und verlegen wurde und (zur Gruppe) das ist doch kaum der richtige Weg zur Anbahnung einer guten therapeutischen Beziehung, nicht wahr? (Schaut Sally an, fasst ihre rechte Hand beim Gelenk und hebt sie langsam hoch.) Machen Sie die Augen zu! (Sie schaut ihn an, lächelt, dann blickt sie auf ihre rechte Hand und macht die Augen zu.) Und behalten Sie die Augen zu! (Er nimmt die Finger von ihrem Handgelenk und lässt die Hand kataleptisch in der Schwebe.) Gehen Sie tief in Trance! (Er legt die Finger um ihr Handgelenk. Der Arm sinkt ein wenig. Dann drückt ihn Erickson stufenweise herunter. Er spricht langsam und methodisch weiter.) Und fühlen Sie sich sehr wohl, sehr behaglich, und kosten Sie diese Behaglichkeit aus ... Und Sie fühlen sich so wohl ... Sie können alles vergessen, bis auf dieses wundervolle Behagen.

Und nach einer Weile wird Ihnen so sein, als ob die Seele sich vom Körper trennt, im Raum schwebt und in der Zeit zurückfliegt. (Pause) Wir haben nicht mehr 1979 oder 1978. Und 1975 liegt noch in der Zukunft (beugt sich vor zu Sally), und ebenso 1970, und die Zeit fließt rückwärts ...

Vielleicht sitzen Sie gerade *jetzt* auf der Schulbank und schauen die Lehrerin an, oder vielleicht spielen Sie grad auf dem Schulhof, oder vielleicht sind gerade Ferien (lehnt sich zurück). Und Sie haben wirklich eine schöne Zeit. Ich möchte, dass Sie sich darüber freuen, ein kleines Mädchen zu sein, das eines Tages groß sein wird (beugt sich wieder vor zu Sally). Und vielleicht möchten Sie gern wissen, was aus Ihnen mal wird, wenn Sie groß sind. Vielleicht möchten Sie gern wissen, was Sie machen werden, wenn Sie ein großes Mädchen sind. Ich frage mich, ob es Ihnen auf der Oberschule gefallen wird. Und das können Sie sich auch fragen.

Und meine Stimme begleitet Sie überallhin, und sie kann dieselbe Stimme sein wie die Stimmen Ihrer Eltern, Ihrer Lehrer, Ihrer Spielkameraden und die Stimme von Wind und Regen [Hervorh. d. Verf.].«

Diese schöne Fallvignette möchte ich kommentieren, denn damit wird gut veranschaulicht, wie Erickson seine Stimme zum Hypnotisieren einsetzt: ruhig, monoton, suggestiv. Er setzt sich dicht an die Patientin, ist ihr zugewandt. Auch ist die Pause von Bedeutung. Die Stimme steht bei der Hypnose im Zentrum – diese Tatsache ist natürlich nicht überraschend. Über den Tonfall kommt die Patientin in Trance. Ferner wird der Stimme bewusst der Status eines Introjekts zugeschrieben, das die Patientin stabilisieren soll. Es handelt sich dabei um ein Reparenting oder um den Aufbau eines Hilfs-Ichs. Dieser Ansatz ist von Kernberg weit entfernt – zumindest in der Theorie. Denn Kernberg betont die »Neutralität« des Therapeuten. Der Patient muss allein die Konflikte zwischen Es, Ich, Über-Ich, Realselbst, Idealselbst und Größenselbst in den Griff bekommen – durch Einsicht, nicht durch Hypnose. Kernberg möchte, dass der Patient vor allem durch die Interventionen, also durch Klarifikation, Konfrontation und Deutung, einen Zugang findet zu seinen malignen Objektbeziehungsdyaden und dadurch die zerstörerische Energie, die in diesen Dyaden liegt, neutralisieren kann (vgl. nächstes Kapitel 14.4).

Bei Erickson hingegen geht es um ein Reparenting. Er arbeitet mit der Trance, um möglichst schnell, aber effektiv die verschütteten Kompetenzen, die nach seiner Theorie schon immer im Unbewussten existieren, freizuschaufeln und dann zu aktivieren. Eben die berühmten Interventionen der Ressourcenaktivierung und der Utilisierung. Dabei soll die Stimme von Erickson zu einem Introjekt beim Patienten werden, das er dann selbst anzapfen kann, um ungünstige unwillkürliche Prozesse in günstige unwillkürliche Prozesse umzuwandeln. So weit lautet die geschriebene Theorie. In der Praxis könnte es durchaus sein, dass es zu Überschneidungen zwischen Kernberg und Erickson kommt. Nämlich deshalb, weil Kernberg ja in seinen Schriften nicht ausdrücklich davon spricht, dass seine Stimme den Patienten überallhin begleiten soll. Das wäre für ihn eine stützende Intervention. Aber es könnte natürlich in der Praxis durchaus sein, dass sich der Patient an die Stimme von Kernberg erinnert, als dieser ihm in einer bestimmten Situation eine Deutung gegeben hat, von der er profitieren konnte – und diese Stimme dann in einem Krisenmoment wieder abruft, um sich zu stabilisieren. Auch die Psychologin Sherry Turkle weist in ihrem brillant geschriebenen Buch »Reclaiming Conversation« (2015, S. 98) darauf hin, dass am Ende einer erfolgreichen Therapie der Patient mit der Stimme des Therapeuten nach Hause geht. Kernberg hat in seinen Schriften nie auf Milton Erickson verwiesen. Ein Vergleich Kernberg/Erickson wäre eine spannende und auch sehr anspruchsvolle Forschung.

Wie in den vorherigen Kapiteln stelle ich auch hier wieder die neugierigen, konstruktiven Fragen in Richtung der Online-Therapeut*innen: Mit welcher Repräsentanz des Therapeuten geht ein(e) Patient*in nach einer abgeschlossenen internetgestützten Behandlung, die mit Sicherheit ihre Effekte haben wird, nach Hause? Was bedeutet es für das Ende einer Therapie, wenn die Patient*innen keine Stimme abgespeichert haben bzw. erinnern können? Wird anstatt der Stimme von Psychotherapeut*innen dann das Gehäuse des Computers, das Handy oder der Roboter zum internalisierten Objekt?

14.4 Der Ansatz von Clarkin, Yeomans und Kernberg

John F. Clarkin, Frank E. Yeomans und Otto F. Kernberg vom Institut für Persönlichkeitsstörungen in New York berücksichtigen die Stimme bei ihrer Behandlung der Borderline-Patienten im Rahmen der Objektbeziehungstheorie. Entscheidend in deren Ansatz ist das Erkennen der dominanten Objektbeziehungen. Man möge sich hierfür die Interaktionen zwischen Therapeut und Patient als Szenen eines Dramas mit unterschiedlich verteilten Rollen vorstellen. So kann der Therapeut beispielsweise die Rolle eines sadistischen Elternteils, der Patient die Rolle eines vernachlässigten Kindes einnehmen. In diesem Kontext geben Clarkin et al. (2008) ein passendes Beispiel in Bezug auf unser Thema der Stimme:

»Sobald der Therapeut eine Vorstellung davon hat, welche bedeutsamen Selbst- und Objektrepräsentanzen im Augenblick wirksam sind, teilt er diesen Eindruck seinem Patienten mit. Der beste Zeitpunkt hierfür sind solche Momente, in denen der Patient selbst eine spontane Neugier bzgl. der Interaktion mit dem Therapeuten an den Tag legt und sich damit bereits ein Stück weit davon distanziert hat. (Deutungen erfolgen am besten dann, wenn der Patient emotional beteiligt, die Intensität des Affekts jedoch im Abnehmen begriffen ist.) Auch der Therapeut braucht eine gewisse Distanz zur Intensität des Geschehens, um einen prägnanten und nachvollziehbaren Kommentar abgeben zu können.

Der Therapeut sollte den Prozess so genau wie möglich beschreiben und Details erfassen, welche die Individualität des Patienten widerspiegeln. Um deutlich zu machen, dass er nicht allwissend ist, der Therapieprozess nichts Magisches an sich hat und dass der Patient das Seine an Informationen beizusteuern hat, sollte der Therapeut erklären, wie er zu seiner jeweiligen Einschätzung gekommen ist. Zum Beispiel:

»›Sie haben zunehmend *leiser gesprochen* [Hervorh. d. Verf.], obwohl ich Ihnen wiederholt gesagt habe, dass ich Sie so nicht verstehen kann. Das deckt sich mit meinem Gefühl, dass Sie wütend auf mich sind.‹

Hierbei ist es wichtig, sowohl den dazugehörigen Affekt als auch die beteiligten Selbst- und Objektrepräsentanzen zu benennen« (Clarkin et al., 2008, S. 40).

Die Wahrnehmung der Prosodie der Stimme (als *leise*) führt bei diesem Beispiel zu einem verbesserten Verständnis der Übertragungssituation mit den reaktivierten frühkindlichen Objektbeziehungsdyaden. In diesem Fall: vernachlässigender Vater vs. störrisches Kind. Clarkin et al. bringen eine mögliche Deutung der leisen Stimme: »*Ich bin also ein Gegner, von dem nichts kommt und der Ihnen nichts gibt, und die einzige Möglichkeit Ihrerseits, darauf zu reagieren, ist zu schweigen*« (S. 40; Hervorh. d. Verf.).

Natürlich ist dieses Beispiel aus einem größeren Kontext herausgegriffen. Die Deutung kann daher nicht generalisiert werden – sie macht nur Sinn in einer hochspezifischen Situation, zeigt aber dennoch, wie wichtig es ist, die Prosodie im ersten Schritt wahrzunehmen, um diese dann in einem zweiten Schritt psychodynamisch deuten zu können (siehe Kapitel 16 zur Supervision). Nachdem wir uns der Arbeitsgruppe um Kernberg gewidmet haben, möchte ich als Nächstes ganz grob Kernberg mit Kohut vergleichen, mit dem er sich eine heftige fachliche Debatte geliefert hat. Es sei angemerkt, dass ich eine Weiterbildung im Bereich TFP (Transference-focused Psychotherapy) nach Kernberg durchlaufen habe, von daher also diesem fachlich etwas »näher« stehe, gleichwohl aber auch bei Kohut einen sehr interessanten Ansatz sehe.

14.5 Der Ansatz von Kernberg und Kohut im Vergleich

In den 1970er und 1980er Jahren entwickelten Heinz Kohut (1979) und Otto F. Kernberg (1985) ihre bahnbrechenden Arbeiten zur Narzissmusforschung. Ein detaillierter Vergleich dieser zwei Ansätze rund um die Stimme wäre ein spannendes Unterfangen. Die Forschungsfrage würde lauten: Ließe sich in den Interventionen von Kohut und Kernberg und ihren Schüler*innen eine unterschiedliche Prosodie der Stimme nachweisen? Dahinter steckt eine Kernfrage der Psychotherapieforschung: Inwieweit beeinflusst die Theorie die Interventionen bzw. (auf unseren Fokus bezogen) inwieweit beeinflusst die Theorie des Narzissmus die Stimme bei den Interventionen?

Ich kann hier nur ein paar Stichworte zu diesem Sachverhalt geben, zu umfangreich ist das Thema. Zunächst fällt auf, dass sich die beiden Ansätze sowohl technisch als auch praktisch fundamental unterscheiden. Man reibt sich ungläubig die Augen, wenn man die Theorien der beiden Autoren liest. Der Interessierte fragt sich: Wie ist das möglich? Bei beiden geht es doch um narzisstische Störungen. Eine Erklärung könnte sein, dass sie Patienten mit unterschiedlichen narzisstischen Störungen behandelt haben. Darüber hinaus haben wir das Problem, dass es keine empirische Vergleichsstudie von Kohut und Kernberg gibt. Jedoch ist dies nicht mehr möglich, da Kohut relativ früh verstarb (1981). Zwar könnte man ihre begabten Schüler*innen nehmen für einen entsprechenden Vergleich der Selbstpsychologie (Kohut) mit der Objektbeziehungstheorie (Kernberg). Dies würde aber ein hochkomplexes Forschungsmodell erfordern. Die Treue zur Theorie und die Kompetenz der Therapeut*innen müssten dafür zunächst trainiert und dann in aufwendigen empirischen Studien überprüft werden usw. Ein derartiges Modell liegt im Moment nicht in der Forschungsluft, obwohl beide Ansätze genug begabte Schüler*innen hätten. Die wissenschaftliche Schärfe, die die Debatte zwischen Kernberg und Kohut einmal hatte, ist zudem in einer aktuellen integrativen Atmosphäre à la »Vier Wege führen in der Psychotherapie nach Rom« weitestgehend abgeklungen. Eine gute, konstruktiv-kritische Einführung in die Arbeit dieser beiden Koryphäen und die anschließenden Weiterentwicklungen gibt Mertens (2011).

Ich fasse kurz tabellenartig die Unterschiede zusammen, damit wir die Aufmerksamkeit anschließend wieder auf unser Thema der Stimme richten können. Dabei konzentriere ich mich darauf, was die zwei Protagonisten Kohut und Kernberg selbst geschrieben haben; denn wie sie de facto in der Praxis gearbeitet haben, wissen wir nur bedingt. Von Freud ist überliefert, dass er A geschrieben hat, in seiner Praxis aber B gemacht hat. Freud war also selbst kein Freudianer (Schattenburg, 2006). Für viele selbsternannte klassische Psychoanalytiker gilt der Aphorismus: »Wenn die Theorie nicht mit der Praxis übereinstimmt, umso schlimmer für die Praxis« (siehe Kapitel 15). Ich mache einen kleinen Umweg und vergleiche vereinfacht die Theorien von Kohut und Kernberg (Tabelle 8):

Tabelle 8: Vergleich der Theorien von Kohut und Kernberg

	Kohut	Kernberg
Narzissmus	positiv	kritisch
Entwicklung des Narzissmus	normale Entwicklung	gestörte Entwicklung
Triebtheorie	bedingt wichtig	sehr wichtig
Therapeutische Haltung	Empathie vorrangig	Neutralität, Abstinenz, Deutung
Abwehrmechanismen	Rettungsversuch	Spaltung

	Kohut	Kernberg
Größenselbst	normal	gestörte Entwicklung
Melanie Klein	keine Rezeption	starke Bezugnahme
Projektive Identifikation	kommt nicht vor	ganz wichtig
Übertragungsstürme	selten	oft
Gegenübertragung	nicht so wichtig	ganz wichtig
Reparenting	extrem wichtig	nicht wichtig
Wärme in der Therapeut-Patient-Beziehung	ganz wichtig	wird vorausgesetzt, keine Betonung
Stützende Haltung	ganz wichtig	wird sehr kritisch gesehen

Bei Kohut ist das Größenselbst keine Abwehrformation, sondern gehört zur normalen Entwicklung eines jeden Menschen. Im Gegensatz zur Triebtheorie postuliert er somit eine eigenständige narzisstische Entwicklungslinie. Bei Kernberg hingegen ist das Größenselbst eine Abwehr. Kernberg rezipiert Melanie Kleins Konzept der Spaltung in »gut« und »böse«. Beim Größenselbst kommt es zu einer Verschmelzung von Real-/Idealselbst und Idealobjekt. Bei Kohut geht es darum, dass der Patient sein blockiertes Größenselbst in der Analyse wieder reaktiviert und dosiert abbauen kann. Und zwar durch viel Empathie und stützendes Vorgehen. Kernberg möchte das Größenselbst möglichst angemessen schnell angreifen sowie die Spaltungsmechanismen in »gut« und »böse« überwinden. Dabei stehen – zumindest was die theoretischen Schriften anbetrifft – nicht die Empathie und den Selbstwert stützenden Interventionen im Vordergrund, sondern die Interventionen der Klarifikation, Konfrontation und Deutung. Kohut steht der humanistischen Psychologie sehr nahe, die die Selbstaktualisierung stimulieren will. Er möchte »beeltern«. Kernberg wiederum steht in der Tradition der Psychoanalyse, die durch Deutungen Einsichten vermitteln will. Er möchte das Größenselbst identifizieren, angreifen und abschmelzen – zumindest in der Theorie. In diesen Kontext passt nun ein sehr interessantes Zitat von Mertens (2011, S. 13):

»[…] mit der Betonung, wie wichtig das menschliche Bedürfnis nach Anerkennung für eine gesunde Selbstentwicklung ist, verändert sich nicht nur die Auffassung über Narzissmus, der als eine negativ bewertete Persönlichkeitseigenschaft und als eine schwierig analysierbare Störung galt, sondern auch der analytische Umgang damit. Die spezifischen Übertragungsformen, die Kohut entdeckte, veränderten das therapeutische Klima. Nunmehr sind nicht mehr eine detektivische Haltung und eine Atmosphäre des Verdachts bestimmend, nicht mehr die Unterstellung, dass der Patient permanent nach Befriedigung seiner neurotischen Übertragungswünsche verlange und sich dementsprechend in einem narzisstischen Widerstand gegen die aufdeckende analytische Arbeit befinde, sondern es herrscht eher eine freundliche und wohlwollende Akzeptanz seiner Äußerungen vor. Weder hüllt sich der Kohut'sche Analytiker in ein andauerndes Schweigen, das nur ab und zu von einer Deutung der Übertragung oder deren Vorstufen, wie Klarifikation und Konfrontation, unterbrochen wird, noch ist für ihn die technische Neutralität im Übermaß wichtig. Abstinenz wird zu einem Überbleibsel der nunmehr als obsolet eingeschätzten klassischen Auffassung, dass die Befriedigung von Wünschen, wie z.B. nach Anerkennung, den Druck, verdrängte Triebwünsche bewusst werden zu lassen, verringern könnte. Selbst die Freundlichkeit des Analytikers geriet in der klassischen nordamerikanischen Psychoanalyse – zumindest in der Theorie – in den Verdacht, zu einem Agieren unreflektierter Gegenübertragung und mangelnder Abstinenz zu werden. Neben den theoretischen Veränderungen bezüglich des Narzissmus als einer eigenen Entwicklungslinie war es vor allem das Erkennen der positivistischen Fiktion, für den Patienten ein unbeschriebenes Blatt sein zu können, auf das der Patient überträgt oder projiziert, das zum Ausgangspunkt für Kohut und die Selbstpsychologen wurde, viel ungezwungener auf Wünsche nach Bestätigung und Zustimmung reagieren zu können, als es sich die klassischen Freudianer ichpsychologischer Provenienz jemals zugestanden hätten.«

Nach diesem kurzen Exkurs, der aber notwendig war für das theoretische Verständnis, wieder zurück zu unserem Fokus: der Stimme. Die unterschiedliche Haltung, die sich bei den Selbstpsycholog*innen (Kohut) und den Objektbeziehungstheoretikern (Kernberg) zeigt, müsste sich doch auch in der Stimme abbilden lassen. Dazu liegen bis dato aber keine Untersuchungen vor. Aus gutem Grund, denn die Komplexität einer Forschung zu diesem Thema liegt auf der Hand. Trotzdem lassen sich einige Hypothesen formulieren: Die Selbstpsycholog*innen müssten – in Anlehnung an ihre Theoriegrundsätze – mit der Stimme durchgehend wärmer, empathischer, den Patienten gegenüber »beelternder« auftreten als der Objektbeziehungstheoretiker, der sich vermeintlich – mit Bezug auf seine Theorieaspekte – fester, dominanter und weniger »beelternd« verhalten dürfte (siehe im Supervisionsteil Kapitel 16.9 das Polaritätenprofil von Blanck et al., 1986). Als Gemeinsamkeiten seien genannt: Beide Therapeutengruppen dürfen im Gebrauch ihrer Stimme natürlich nicht feindselig sein, beide sollten kompetent, nicht ängstlich, optimistisch, ehrlich und professionell auftreten.

15 Nach der Pflicht die Kür: Stimme, Sprüche und Aphorismen

Nach dem Ernst der Theorie wollen wir uns mit leichter Kost kurz ausruhen, bevor es dann wieder konzentriert an die Selbsterfahrung und die Supervision der Stimme im Kapitel 16 geht. In den letzten Jahren habe ich Aphorismen und Sprüche gesammelt, die man gewinnbringend bei psychoedukativen Vorträgen oder in der Therapie anwenden kann – sei es in der Gruppe oder im Einzelsetting. Ich spreche zwar von Sprüchen und Aphorismen, subsumiere darunter der Einfachheit halber aber auch Lebensweisheiten, Mantras, Aperçus und Sprichwörter. Sprüche und Aphorismen haben große Vorteile für die Therapie: Sie bringen schnell etwas auf den Punkt, können lustig sein und lockern Situationen jeglicher Art auf. Daher heißt dieses Kapitel auch »Nach der Pflicht folgt die Kür« und diese Kür soll Spaß machen. Es gibt natürlich auch die Möglichkeit, mit einer »lustigen« Geste einen therapeutischen Punkt zu setzen. Bei Kohut findet man ein Fallbeispiel, bei dem der Therapeut einem Patienten mit narzisstischer Persönlichkeit, auf der Couch liegend, in einer gut ausgesuchten Situation unerwartet ein Zepter überreicht, woraufhin der Patient lacht. So etwas zählt ganz klar zu den therapeutischen Erfolgen und ist »besser« als jede Deutung. Aber es gibt natürlich auch sehr ernsthafte Sprüche und Aphorismen. Anbei eine Auswahl, die ich in meiner therapeutischen Praxis verwende. Die Reihenfolge ist rein zufällig, es gibt keine Priorisierung.

- Ganz gut ist für mich uninteressant. Es muss das Beste sein.
- An der Spitze zu stehen ist für mich zu weit hinten.
- Es ist besser, der erste Zweite zu sein als der zweite Erste.
- Der Vogel, der morgens singt, den frisst abends die Katz.
- Sie kommen auf den Friedhof der Unersetzbaren. (Charles de Gaulle)

- Pessimisten sind jene, die sich ärgern, wenn das Glück an ihre Tür klopft. (Nossrat Peseschkian)
- Hast du Glück, ist es gut. Hast du kein Glück, ist es auch gut. Du hattest Pech. War vielleicht dein Glück. (Kurt Tucholsky)
- Eine lange Reise beginnt mit dem ersten Schritt. (Laotse)
- Wer hetzt, kommt zuletzt.
- Ein Grashalm wächst nicht schneller, wenn man daran zieht. (Aus Afrika)
- Der Strom ändert nicht seine Richtung, wenn man gegen ihn schwimmt. (Stanislaw Jerzy Lec)
- Wer nur einen Hammer hat, für den sieht jedes Problem wie ein Nagel aus. (Aus Indonesien)
- Ein Bambusstab wiegt sich im Wind, aber er bricht nicht. (Aus Vietnam)
- Die Schumacher tragen die schlechtesten Schuhe.
- Für Eile habe ich keine Zeit!
- Wenn du kämpfst, kannst du verlieren. Wenn du nicht kämpfst, hast du schon verloren. (Bertolt Brecht)
- Normalerweise bin ich eine ganz andere Person, habe leider keine Zeit dazu, diese zu sein. (Ödön von Horváth)
- Wer loslässt, hat beide Hände frei.
- Ein Konflikt ist die Ruhephase zwischen zwei Konflikten.
- Was du liebst, lass frei. Kommt es zurück, gehört es dir – für immer.
- Ab 30 kann man sich mit seiner Biografie nicht mehr entschuldigen. (Jean-Paul Sartre)
- Man kann die Welle nicht stoppen, man muss lernen, auf ihr zu surfen.
- Verschwende nicht deine Zeit damit, eine Grenze zu ziehen, vielleicht ist keine da. (Franz Kafka)
- Wie ich gehe, so geht's mir.
- Früher war alles später. (Manfred Spitzer)
- Fürchte dich nicht vor einem großen Schritt. Mit zwei kleinen Sprüngen kannst du keine Schlucht überwinden.
- Der Unterschied zwischen Theorie und Praxis ist in der Praxis größer als in der Theorie.
- Wenn die Tatsachen nicht mit der Theorie übereinstimmen – umso schlimmer für die Tatsachen (Georg Wilhelm Friedrich Hegel).
- Jemanden hassen heißt: ihn wohnen lassen in deinem Kopf.

- Ich höre die Flöhe husten.
- Mindestens vier Wege führen nach Rom.

Jeder Spruch und Aphorismus hat seine ganz bestimmte Funktion innerhalb eines spezifischen therapeutischen Kontextes. Einem Patient, der zu viel gearbeitet hat und nun im Burn-out steckt, kann in einer berufsbezogenen Therapiegruppe (vgl. Kapitel 11.5) der Spruch »*An der Spitze zu stehen ist für mich zu weit hinten*« guttun. Dieser Spruch zum richtigen Zeitpunkt platziert kann für die Therapie die halbe Miete sein, weil durch die Ironisierung der Patienteneinstellung die Distanzierung vom beruflichen Überengagement gefördert wird. Es kann hier nicht jeder Spruch oder Aphorismus in Bezug auf seine therapeutischen Anwendungsfelder erläutert werden, daher zurück zur Stimme.

Es kommt auf jeden Fall darauf an, inhaltlich den richtigen Aphorismus oder Spruch auszusuchen und ihn dann prosodisch »therapeutisch stimmig« auszusprechen. Wir haben im Kapitel 13.5 gesehen, wie unterschiedlich die Intonation bei ein und demselben Satz sein kann. Diese Erkenntnis gilt natürlich auch für die Aussprache der Sprüche und Aphorismen. Den Spruch »*An der Spitze zu stehen ist für mich zu weit hinten*« kann ich beispielsweise folgendermaßen betonen: »Spitze« oder »zu weit hinten«. Ich kann auch eine Pause machen nach »zu stehen« oder nach »für mich« usw. Der Therapeut kann alternativ den ersten Teil schnell aussprechen, den zweiten Teil dann ganz langsam: Wort für Wort. Die Prosodie kann anklagend oder entlastend sein, ironisch oder ernst. Der Satz kann zudem von einer konkordanten oder komplementären Gegenübertragung geprägt sein (siehe Kapitel 16.12). Anschließend wird diese Prosodie eingebettet in die Gestik und Mimik des Therapeuten. Den Aphorismus »*Normalerweise bin ich eine ganz andere Person, habe leider keine Zeit dazu, diese zu sein*« fange ich gern mit einer ganz tiefen Stimme an, mache hinter »andere Person« eine Pause und sage dann lauter, die Hände hinzunehmend, »keine Zeit«. Man kann schließlich als Therapeut in geschickt ausgewählten Situationen – gut dosiert – auch humorvoll sein (Wild, 2012). Kohut arbeitete in der oben beschriebenen Situation bei der Zepterübergabe auch mit Humor, er war in dem Moment kein »neutraler« Therapeut mehr in der Tradition der Psychoanalyse. Mit gutem Erfolg, wie Kohut selbst berichtete.

Bei der Anwendung der Sprüche und Aphorismen als psychotherapeutische Intervention kommt man schon auf eine sehr hohe Kombinationszahl vielfältigster Variablen. Eine Videoaufzeichnung oder eine Praat-Analyse wäre sicherlich eine gute »Beweisführung« für die therapeutisch stimmige respektive wirkungsvolle Prosodie. Das Verwenden von Aphorismen setzt bei Therapeut*innen nicht nur einen besonderen Bezug zu Humor, sondern auch rhetorische Fähigkeiten voraus. Man kann diese Anwendung nicht standardmäßig in die Ausbildung einbauen – wie meine Erfahrung als Lehrtherapeut und Supervisor zeigt. Auch die Patient*innen oder die Gruppe müssen eine gute Portion Humor mitbringen, sonst verfehlen die Sprüche und Aphorismen ihre Wirkung. Ein gutes Gespür und Feingefühl seitens des Therapeuten ist zudem natürlich wichtig, diese sprachlichen Mittel als therapeutische Intervention einzusetzen. Apropos: Die Erfahrung zeigt, dass es eine hohe Geistesgegenwärtigkeit braucht, einen Spruch oder Aphorismus im perfekten Timing bei einer Therapiesitzung einzubauen – vor allem auch unter Berücksichtigung der Struktur des Patienten und der gegenwärtigen Dynamik in der Einzel- oder Gruppentherapie. Gelingt dies allerdings, dann gilt sowohl für den Patienten als auch für den therapeutischen Fortschritt der Aphorismus: »Wer loslässt, hat beide Hände frei.«

Teil II
Die Selbsterfahrung und das Training der Stimme in der Ausbildung und im Beruf

16 Selbsterfahrung und Supervision der Stimme in der Praxis

Bevor wir mit dem praktischen Teil starten, bitte ich die Leser*innen, meine Ausführungen als Anregungen und Einladungen für praktische Übungen zu verstehen, mit denen kreativ umgegangen werden kann. Es handelt sich dabei also nicht um ein »festgeschriebenes« Curriculum für Workshops, die auf die Stimme fokussieren, sondern eher um einen Erfahrungsbericht, den ich nach meinen fünf Workshops geschrieben und im Zuge der Buchentstehung durch neue Überlegungen und Übungen ergänzt habe. Der Aphorismus »Mindestens vier Wege führen nach Rom« gilt auch für den nun folgenden praktischen Teil. Die Übungen, Rollenspiele und der Leitfaden sind allesamt im Rahmen meiner Workshops entstanden und können also auch problemlos für andere Workshops verwendet werden. Darüber hinaus können die Vorschläge auch in kleinere Supervisionsgruppen, die in der Regel aus vier Kolleg*innen bestehen, in die Einzelselbsterfahrung oder in Einzelstunden zur Supervision integriert werden. Jede(r) Kolleg*in ist eingeladen, sich aus der umfangreichen Toolbox dieses Kapitels das herauszunehmen, was für ihn/sie von Interesse ist.

Im Kapitel 15 über Stimme und Aphorismen sprach ich über Humor. Grundsätzlich gilt: Bei einem Workshop zum Thema Stimme sollte man sowohl als Dozent*in als auch als Teilnehmer*in eine gewisse Portion Humor mitbringen. Denn in einem derartigen Workshop geht es darum, mit der Stimme zu experimentieren und Rollenspiele durchzuführen – und das kann manchmal sehr humorvoll sein.

Ich möchte betonen, dass aufgrund der Selbsterfahrungsaspekte entsprechend sensibel mit den Teilnehmer*innen an das Thema Stimme herangegangen werden muss. Auf keinen Fall dürfen sich die Teilnehmer*innen beim Feedback zu ihrer Stimme verletzt, beschämt oder sogar bloßgestellt fühlen. Der/Die Dozent*in weiß nicht im Voraus, ob ein(e) Teilnehmer*in Probleme mit der eigenen Stimme hat, die eine ganz zentrale Persönlichkeitseigenschaft darstellt. Die Workshops zielen darauf, dass die Teilnehmer*innen ein Gefühl für ihre eigene Stimme bekommen, diese selbst wahrnehmen und deren Prosodie an den Patienten, die Symptomatik und die Situation flexibel anpassen können. Eine »richtige Prosodie« der Stimme in der Psychotherapie gibt es nicht, aber eine »flexible angemessene Prosodie«. Im Rahmen der Prosodie der Stimme laufen oft unbewusste unwillkürliche Prozesse ab, die aber bewusst gemacht und zum Teil auch kontrolliert werden können. Die Schauspielkunst lebt beispielsweise von dieser Erkenntnis. Allerdings setzt die Beeinflussung unwillkürlicher Prozesse ein intensives Training mit kontinuierlichem Feedback voraus, um fest eingefahrene neurobiologische Muster zu ändern. Meine Übungen müssen nicht in der hier aufgeführten Reihenfolge durchgeführt werden. Es handelt sich um eine Toolbox von Übungen, die kreativ an einen Workshop-Prozess angepasst und dann supervidiert werden können.

So könnte die grobe Abfolge eines Workshops aussehen: Zuerst sollten die Teilnehmer*innen für das Thema sensibilisiert werden. Dazu dient bei uns ein Leitfaden (Schattenburg, 2018b). Anschließend sollten die Teilnehmer*innen mit ihrer eigenen Stimme in Kontakt gebracht werden. Als Einstimmung und zur Stimmölung dient etwa das »Lalula« von Morgenstern. In einem nächsten Schritt können vertiefende Übungen mit Rollenspielen durchgeführt werden. Hier gibt es keine zwingende Reihenfolge – jede(r) Leiter*in stellt sich die Übungen für den Workshop gemäß der fokussierten Fragestellung, den persönlichen Interessen und vor allem in Abhängigkeit der fachlichen Spezialisierungen zusammen. Die vorgeschlagenen Übungen spiegeln meine therapeutische Spezialisierung wider.

Die Praxisanwendungen können voneinander nicht scharf abgegrenzt werden, manche überschneiden sich teilweise – wobei jede von ihnen einen spezifischen Fokus hat. Viele Übungen können auf Video oder mit dem VoceVista Video auf einem Laptop aufgenommen und dann entsprechend im Sinne des Micro-Teachings abgespielt und anschließend besprochen werden. Die Teilnehmer*innen werden um Erlaubnis gefragt, ob die Aufnahmen im Workshop abgespielt werden dürfen, und die sofortige Löschung nach Ende des Workshops wird ihnen zugesichert. Es ist nicht möglich, alle die nachfolgend vorgestellten Übungen in einem zweitägigen Workshop unterzubekommen, wenn mit Rollenspielen oder mit Video- respektive Handyaufnahmen gearbeitet wird. Simuliert man etwa Gruppensitzungen, so ist eine Stunde schnell verplant. Es muss ausreichend Zeit dafür reserviert sein, die Übungen in Ruhe nachzubesprechen oder sie kreativ an die Dynamik eines Workshops mit den entsprechenden Interessen der Teilnehmer*innen anzupassen. Die erläuterten Übungen sind daher lediglich als Vorschläge zu verstehen – als eine *Toolbox, aus der sich jeder adaptiv bedienen möge.* Die Tools sollen zur kreativen Anwendung mit den entsprechenden Variationen einladen. Ich habe nicht alle Übungen mit einer Skala zusammengefasst, weil ein Workshop nicht zu sehr mit Skalierungen und Ratings überfrachtet sein darf. Meiner Erfahrung nach muss ein »guter« Workshop immer die Balance halten zwischen wissenschaftlichem und kreativ-offenem Input. Der Untertitel dieses Buches heißt »Ein Leitfaden zur Selbsterfahrung und Supervision«. Den möchte ich nun vorstellen – ohne Anspruch auf Vollständigkeit.

16.1 Zum Einstieg: Leitfaden für die Supervision der Stimme der Psychotherapeut*innen

Grawe fordert völlig zu Recht in seinem noch heute inspirierenden Grundlagenwerk »Psychologische Therapie« (1998, S. 311): »Die systematische Beachtung des nonverbalen Kommunikationsverhaltens der Therapeuten und seine gezielte Veränderung sollte daher ein ausdrücklicher Bestandteil psychotherapeutischer Ausbildungen und insbesondere der Supervision sein.« Etwa 20 Jahre später greife ich die Aufforderung von Grawe wieder auf: Wie ist der aktuelle Stand? Von 2017 bis 2019 führte ich als Supervisor, Prüfer für psychologische Approbation und Lehrtherapeut eine Umfrage unter 80 Ausbildungskandidat*innen der Psychotherapie durch. Zu 95 % erhielt ich die Antwort, dass in ihrer Ausbildungszeit ihre Stimme nicht Gegenstand der Supervision gewesen sei. Auch ein systematisches Literaturstudium im Feld der Supervision bestätigte diese Umfrage (siehe Kapitel 3). Vor diesem Hintergrund habe ich konsequenterweise einen Leitfaden für die Supervision der Stimme von Psychotherapeut*innen entwickelt (Schattenburg, 2018b):

1. Haben Sie schon Kollegen oder Lehrtherapeuten gefragt, Ihre eigene Stimme supervidieren zu dürfen mit einem Smartphone oder Videogerät?   0 1 2 3 4
2. Fühlen Sie sich wohl, wenn Ihre Stimme supervidiert wird?   0 1 2 3 4
3. Verfügen Sie über eine Feedbackschleife beim Hören oder Sprechen?   0 1 2 3 4
4. Können Sie Hören und Sprechen in einer therapeutischen Art ausbalancieren?   0 1 2 3 4
5. Haben Sie eine Feedbackschleife für die Wahrnehmung Ihrer eigenen Stimme?   0 1 2 3 4
6. Sind Sie sich der Prosodie Ihrer eigenen Stimme bewusst?   0 1 2 3 4
7. Sind Sie sich der Prosodie Ihrer eigenen Stimme bewusst bei bestimmten Interventionen (Deutung, Konfrontation, Trösten usw.)?   0 1 2 3 4
8. Spüren Sie, in welchen therapeutischen Situationen sich Ihre Stimme ändert?   0 1 2 3 4
9. Haben Sie noch ein Gefühl für Ihre Stimme, wenn Sie unter Druck geraten?   0 1 2 3 4
10. Können Sie Ihre Stimme stabilisieren, wenn Sie nervös oder unsicher sind?   0 1 2 3 4
11. Spüren Sie die Verbindung zwischen Ihrem Atem und Ihrer Stimme?   0 1 2 3 4
12. Spüren Sie die Verbindung zwischen Ihrer Sitzhaltung und Ihrer Stimme?   0 1 2 3 4
13. Können Sie Ihre Stimme an spezifische Symptome und spezifische Situationen anpassen?   0 1 2 3 4
14. Ist Ihnen bewusst, wie Ihre Stimme durch die Gegenübertragung beeinflusst werden kann?   0 1 2 3 4
15. Ist Ihnen bewusst, wie Ihre Stimme Aspekte der Übertragung stimulieren kann?   0 1 2 3 4

16. Jede Kommunikation hat einen Inhalts- und einen Beziehungsaspekt. Ist Ihnen bewusst, welche Rolle die Stimme in diesem Kontext spielen kann?   0 1 2 3 4
17. Spüren Sie die Rolle der Stimme bei einer projektiven Identifikation?   0 1 2 3 4
18. Können Sie selbst ein Polaritätenprofil (z. B. warm vs. kalt) anwenden zur Evaluation Ihrer Stimme?   0 1 2 3 4
19. Fragen Sie den Patienten: »Welchen Effekt hat meine Stimme auf Sie?«   0 1 2 3 4
20. Ist Ihre Stimme in Ihre psychotherapeutische Identität integriert?   0 1 2 3 4

Diesen Fragebogen bringen wir mit der folgenden Skala zusammenfassend auf den folgenden Punkt:

Skala zur Selbstwahrnehmung der Stimme
Ich nehme meine Stimme bewusst wahr.   0 1 2 3 4

Zu Beginn des Workshops bedarf es einer Themeneinführung für die Teilnehmer*innen. Für einen solchen Einstieg eignet sich der Fragebogen, denn darin werden die Items erklärt und Beispiele gegeben. Die Antworten können gemeinsam diskutiert werden, wodurch die Teilnehmer*innen des Workshops ein erstes Gefühl dafür bekommen, wo sie mit dem Thema der Stimme stehen und welche Elemente in Übungen und Rollenspielen intensiver trainiert werden sollten. Dazu dienen die folgenden Kapitel im Detail.

16.2 Übung zur Selbstwahrnehmung der Stimme

Folgende Übung kann zwei- bis dreimal wiederholt werden mit unterschiedlicher Prosodie, um die eigene Stimme zu »ölen« und sich mit ihr vertraut zu machen. Diese Übung kann in der Gruppe oder allein durchgeführt werden – zu Hause, im Büro oder in der Praxis.

◈ Übung

1. Mehrfach mit der Zunge schnalzen. Allein oder gemeinsam in der Gruppe.
2. Lautpoesie nach Christian Morgenstern: »Das große Lalula« wird in der Gruppe gemeinsam gelesen.

Das große Lalula

Kroklokwafzi? Semememi!
Seiokrontro – prafriplo:
Bifzi, bafzi; hulalemi:
quasti basti bo ...
Lalu lalu lalu lalu la!

Hontraruru miromente
zasku zes rü rü?
Entepente, leiolente
klekwapufzi lü?
Lalu lalu lalu lalu la!

Simarar kos malzipempu
silzuzankunkrei (;)!
Marjomar dos: Quempu Lempu
Siri Suri Sei [ ]!
Lalu lalu lalu lalu la!

(Christian Morgenstern)

16.3 Übung zum Embodiment und zur Selbstwahrnehmung der Stimme

Storch und Tschacher (2014, S. 31) definieren: »Embodiment beschreibt eine Verbindung zwischen Körper und Geist, auf der Prozesse immer zweiseitig ablaufen. In der Verbindung zwischen Körper und Geist herrscht Gegenverkehr.« Wir erinnern uns an die für die Psychosomatik so zentrale Erkenntnis von Friedrich Schiller: »Es ist der Geist, der sich den Körper baut.« Das gilt umgekehrt genauso. Wir können daher in Anlehnung an Schiller formulieren: »Es ist der Körper, der sich den Geist baut.« Über diese Erkenntnis verfügten allerdings schon die alten Römer mit ihrem Ausspruch: Mens sana in corpore sano (»Ein gesunder Geist in einem gesunden Körper«). Der Körper wirkt auf den Geist mit seinen gesamten physiologischen Parametern: Hormonen, Muskelspannungen, Blutzuckerspiegel, Herzrhythmus usw. Der Skifahrer fühlt beispielsweise schnell, wie eine falsche Körperhaltung seine Ängstlichkeit beeinflussen kann und umgekehrt: Die Ängstlichkeit bringt ihn bei der Abfahrt in eine falsche Körperhaltung, indem er zu sehr vornübergebeugt in die Hocke geht und dadurch den optimalen Bewegungsablauf beim Gleitenlassen der Skier verliert. Richtet er sich aber wieder auf, verspürt er mehr Kontrolle über seine Skier und spart Kraft.

Der Gegenverkehr von Körper und Geist läuft innerhalb von Nanosekunden ab. Diese Erkenntnisse aus der modernen Psychologie sind nicht neu, werden jedoch aktuell erst mit entsprechenden Experimenten untermauert (siehe die Publikationen von Maja Storch). Schon die Gesangspädagog*innen wissen, dass die Stimme brüchig wird, wenn die Muskeln im Brustraum verkrampft sind oder die Atmung nicht flüssig ist. Dies kann dann eventuell Lampenfieber begünstigen – und umgekehrt: Lampenfieber kann Einfluss auf die Muskulatur und die Stimme haben. Nach diesem theoretischen Vorspann wird den Teilnehmer*innen folgende Übung vorgeschlagen. Dabei geht es darum, dem Zusammenhang zwischen Körperhaltung und Stimme nachzuspüren. Die Erfahrungen mit dieser Übung werden anschließend besprochen: »Wie fühle ich mich körperlich? Wie fühle ich mich psychisch? Welche Wechselbeziehungen spüre ich zwischen Körper und Psyche? Wie möchte ich mich fühlen?«

◈ Übung

(ein paar Schritte jeweils) gebückt gehen mit leiser Stimme, …
… gebückt gehen mit lauter Stimme,
… aufrecht gehen mit leiser Stimme,
… aufrecht gehen mit lauter Stimme.

Diese Übung kann von jedem kreativ ausgebaut werden, der seine körperlichen und stimmlichen Kräfte intensiv wahrnehmen möchte.

◈ Übung

Die Teilnehmer*innen werden gebeten, zwei Schritte in den Raum zu gehen, die Arme nach oben zu strecken, die aufrechte Körperhaltung und die Kraft im Brustraum zu spüren, und sollen dann mit lauter Stimme sagen: »We are going into the space and we are powerful!«

Weitere Übungen zur Verdeutlichung des »Embodiment«:

◈ Übung

Sich kraftvoll hinstellen, die Fäuste ballen und mit fester Stimme sprechen.
- Imaginationsübung: sich schwach fühlen, die Hände locker halten und mit fester Stimme sprechen
- Imaginationsübung: sich stark fühlen, die Hände locker halten und mit leiser Stimme sprechen

Aus diesen Embodiment-Übungen, die Selbsterfahrungscharakter haben und somit von den Workshop-Leiter*innen entsprechend sensibel durchgeführt werden müssen, können dann weitere Imaginationsübungen kreativ abgeleitet werden – mit dem Ziel, dass sich die Therapeut*innen auf dem Terrain der Stimme selbstbewusster und reflektierter bewegen. Diese Übungen werden im Folgenden ausgebaut – ohne Anspruch auf Vollständigkeit.

16.4 Basale Atemübung

Der Atmungsapparat ist für die Stimme von grundlegender Bedeutung. Wenn wir zu wenig oder zu unregelmäßig atmen, kann unsere Stimme flach und ohne Volumen klingen. Beim Ausatmen werden die Stimmlippen im Kehlkopf in Schwingungen versetzt. Für eine tragfähige Stimme braucht man einen frei fließenden Atem. Eine gute Atmung geht tief in den Bauch und in den Brustkorb. Dazu wird eine ganz einfache Übung im Rollenspiel durchgeführt. Unsere Erfahrung mit den Ausbildungskandidat*innen zeigt, dass diese Übung zwar simpel, aber dennoch nicht leicht umzusetzen oder selbstverständlich ist. Auch diese Übung will trainiert sein, weil die meisten Ausbildungskandidat*innen der Psychotherapie keinen fachlichen Hintergrund in Bezug auf Stimmbildung oder Gesangspädagogik haben.

◈ **Übung**

Setzen Sie sich bequem hin und spüren Sie, dass Sie bewusst einatmen, bevor Sie dem Patienten etwas sagen. Nehmen Sie dabei das Volumen und den Klang Ihrer eigenen Stimme bewusst wahr.

16.5 Stabilisierung der Stimme mit Atmung

◈ **Übung**

Der/Die Therapeut*in streicht mit beiden Armen leicht über die eigenen Oberschenkel, richtet sich danach auf, sitzt gerade, atmet ein, spricht dann beim Ausatmen und konzentriert sich dabei auf seine/ihre Stimme und deren Prosodie.

Diese Übung kann für mehrere Situationen hilfreich sein. Beispiel 1: Ein Therapeut sitzt einem narzisstischen Patienten gegenüber und fühlt sich unsicher. Mit der Übung (Sich-Aufrichten, auf eine festere Stimme fokussieren) kann der Therapeut sein Selbstbewusstsein stabilisieren. Beispiel 2: Eine Therapeutin sitzt einer traumatisierten Patientin gegenüber und fühlt sich von deren Trauer überfordert. Mit der Übung (Sich-Aufrichten, Fokus auf Einatmen, Konzentration auf eine nicht zu leise Stimme) kann sich die Therapeutin nicht nur von der Patientin emotional distanzieren, sondern auch selbst stabilisieren. Diese Übung ist nicht so einfach, weil sich die Therapeutin gleichzeitig auf den eigenen Körper und die Äußerungen der Patientin konzentrieren muss. Meine Erfahrung zeigt: Ein solches Verhalten muss mehrmals trainiert werden.

16.6 Körperhaltung und Stimme der Therapeut*innen

◈ Übung

Der/Die Therapeut*in spricht ruhig, atmet ein, beugt sich leicht zum/zur Patient*in vor und guckt ihm/ihr aufmerksam direkt in die Augen.

Es wurde schon mehrfach betont, wie positiv eine ruhige Stimme von den Patient*innen wahrgenommen wird, Gleiches gilt für eine ihnen zugewandte Körperhaltung. So kann man sich als Therapeut*in leicht nach vorne beugen in einem Krisengespräch und vermehrt den Augenkontakt suchen – dabei auf die eigene Atmung fokussieren (also bewusst einatmen, bewusst ausatmen) und dann mit ruhiger Stimme und festem Blick sprechen. Dennoch bleibt bei dieser Übung der/die Therapeut*in überwiegend zuhörend. Das muss ebenfalls trainiert werden, weil viele Therapeut*innen in einer Krisensituation mehr mit dem verbalen, weniger mit dem nonverbalen Kanal beschäftigt sind. Die Energien, parallel beide Kanäle zu berücksichtigen und aktiv zu bedienen, stehen oft nicht zur Verfügung. In dieser Übung geht es vielmehr darum, sich gegenüber den Patient*innen zu positionieren, die eigene Selbstsicherheit/Stärke zu aktivieren und entsprechend wirkungsvoll auszustrahlen.

16.7 Selbsterfahrung der Wahrnehmung der eigenen Stimme

◈ Übung

Die Teilnehmer*innen (Therapeut*innen) werden gebeten, einmal in sich hineinzuhören, inwieweit sie ihre eigene Stimme mögen, in welchen Situationen sie diese nicht mögen, wo sie Trainingsbedarf verspüren usw.

Nach dieser Übung wird darüber diskutiert – hier ist besondere Behutsamkeit seitens der Workshop-Leiter*innen gefragt, damit sich kein(e) Teilnehmer*in beschämt fühlt. Einige Teilnehmer*innen gaben in der Diskussion an, dass sie vor allem Trainingsbedarf sehen, wenn ihre Stimme in Stresssituationen zu hoch, zu gereizt, zu schrill und zu brüchig wirkt. Zudem wollen sie möglichst verhindern, dass sie zu leise, zu aggressiv und zu hektisch sprechen. Und ihr Interesse liegt darin, regelmäßig Pausen zu machen und nicht unangemessen zu intonieren. Die Teilnehmer*innen spüren, wie sie über eine »unangemessene Stimme« ihre Autorität in ihrer professionellen therapeutischen Rolle verlieren.

Es gibt eine Umfrage aus der Zeitschrift »Focus« (2010), nach der 74 % ihre eigene Stimme mögen, 21 % jedoch nicht – der Rest machte keine Angaben. Die Teilnehmer*innen werden darüber informiert, dass die eigene Stimme deswegen befremdlich klingt, weil der von den Stimmbändern erzeugte Schall über das Jochbein, den Unterkiefer und die Schläfe vom Knochen direkt ans Innenohr weitergeleitet wird. Die Klangfarbe wird dadurch verändert, denn die Muskeln und das Gewebe dämpfen die Schwingungen. Dieser Effekt entfällt natürlich bei der aufgezeichneten Stimme. Ohne die Schwingungen in unserem Kopf hört sich unsere eigene Stimme auf einmal ganz anders an, oft regelrecht fremd. Die Kenntnis dieser Tatsache ist wichtig bei der Selbsterfahrung der eigenen Stimme, um mögliche Schamaffekte zu vermeiden. Nicht allen Teilnehmer*innen unseres Workshops war diese physiologische Information des Transports der eigenen Schallwellen bekannt (siehe Kapitel 6 zum Abc der Stimme).

16.8 Selbsterfahrung der Stimme im Kontext von offener vs. strukturierter Gesprächsführung

Das Gespräch zwischen Therapeut*innen und Patient*innen kann offen gestaltet, es kann aber auch unterschiedlich streng strukturiert werden. Beide Techniken der Gesprächsführung haben Vor- und Nachteile. In Kapitel 3 haben wir schon Hermann Lang (2000) zitiert, der die Offenheit des Sprechens betont – in Anlehnung an Freuds Grundregel der freien Assoziation und an Gadamers Analyse, dass ein Gespräch immer einer »Eigendynamik« folge. Derartige Interviewtechniken und strukturiertes Arbeiten zeigen sich auch beim Arbeitskreis OPD (2006) und bei Kernberg mit seinem strukturellen Interview (1985, S. 48 f.). Die Ideen vom Arbeitskreis OPD wurden von einigen Autor*innen dahingehend kritisiert, dass sie ein zu normiertes Vorgehen darstellen und für das szenische Verstehen zu wenig Raum lassen würden. Der Psychoanalytiker und Künstler Fritz Morgenthaler (1978, S. 140) unterscheidet zwischen einer Psychotherapie und einer Psychoanalyse: Während die Psychotherapie fokal sei, benötige die Psychoanalyse eine breite Ausgangsbasis. Morgenthaler war 1978 noch nicht dem Druck und der lautstarken Forderung der Kostenträger nach empirischer Fundierung und Manualisierung ausgesetzt. Er schrieb selbstbewusst »Feste Regeln würden die Emotionalität blockieren« (S. 11) und »Der analytische Prozess ist ziellos« (S. 148). An diesen zwei Aussagen ist auch heute im Kontext einer digitalisierten Psychotherapie noch »etwas dran«. Fassen wir kurz zusammen: Die Gesprächsführung liegt zwischen dem Arbeitskreis OPD und Kernberg auf der einen Seite (hohe Strukturierung), zwischen Lang, Gadamer und Morgenthaler auf der anderen Seite (geringe Strukturierung). In der Selbsterfahrung geht es darum zu spüren, welcher Richtung man sich eher zugetan fühlt in Abhängigkeit seiner Ausbildung sowie der eigenen Talente, Interessen und Überzeugungen.

Ich stelle nun die Hypothese auf, dass sich die Prosodie der Stimme abbilden lassen müsste im Kontext von offener vs. strukturierter Gesprächsführung. Ein Therapeut, der strukturiert arbeitet, dürfte eher über eine härtere und fordernde Prosodie verfügen als eine Therapeutin, die ein Gespräch mehr laufen lässt und mehr Wert auf das szenische Verstehen legt. Um diese Hypothese zu überprüfen, schlage ich zwei Rollenspiele vor, die auf Video aufgenommen werden können:

◈ 1. Rollenspiel

Eine Person (»Therapeutin«) interviewt eine andere (»Patientin«) strukturiert, beispielsweise gemäß dem Leitfaden des Arbeitskreises OPD oder gemäß Kernbergs strukturiertem Interview – je nach Ausbildungsstand.

◈ 2. Rollenspiel

Eine Person (»Therapeut«) interviewt eine andere (»Patient«) im Rahmen einer offenen Gesprächsführung und mit Fokus auf dem szenischen Verstehen.

Nach den zwei Rollenspielen werden die Ergebnisse verglichen. Dabei wird unsere Hypothese, dass sich die Prosodie der Stimme in den zwei Rollenspielen unterscheidet, getestet. Wichtig ist, dass man sich bei der Besprechung dieser zwei Rollenspiele nicht perfektionistisch gibt. Es geht darum, die Selbsterfahrung mit der eigenen Stimme zu trainieren in Abhängigkeit einer geschlossenen (strukturierten) vs. offenen Gesprächsführung. Diese Rollenspiele verfolgen nicht nur das Ziel, wissenschaftliche Daten zu produzieren, sondern sie geben auch Anregungen für eine subjektive Selbsterfahrung.

16.9 Rollenspiel zur Stimme: Therapeut-Patient-Interaktion

Nachdem die Teilnehmer*innen die Selbsterfahrung damit gemacht haben, wie ihre eigene Stimme klingt, werden sie nun eingeladen, Rollenspiele durchzuführen, um von außen ein Feedback zu bekommen. Sie werden motiviert, sich zur Kleingruppenarbeit zusammenzuschließen, führen ein Rollenspiel durch zu einer Therapeut-Patient-Interaktion, nehmen während dieses Rollenspiels ihre Stimme auf ihrem Handy auf und besprechen dann miteinander, wie ihre Stimme klingt und wirkt. Dafür wird das Polaritätenprofil von Blanck et al. (1986) genutzt (Tabelle 9). Ferner schlage ich eine weitere Übersicht zur Prosodie der Stimme im Selbstversuch vor (Tabelle 10). Bevor sich die Teilnehmer*innen zur Arbeit in den Kleingruppen zurückziehen, sollte der/die Leiter*in mit ihnen die zwei Tabellen 9 und 10 ausführlich besprechen. Was ist eine »optimistisch« klingende Stimme wie etwa bei Blanck et al.? Oder was ist eine »angemessene Intonation«? Bei diesen Beispielen ist es wichtig, sich nicht in phonologischen Details zu verlieren. Es geht vielmehr darum, psychologisch von der Wahrnehmung der Stimme auszugehen. Erfahrungsgemäß muss man für die Übung gut 90 Minuten (am besten sogar 120 Minuten) veranschlagen, sollte die Gruppe aus vier Teilnehmer*innen bestehen. Nach der Arbeit in Kleingruppen werden die Erfahrungen mit diesem Rollenspiel in der Großgruppe besprochen.

Tabelle 9: Einschätzung der Stimme nach Blanck et al. (1986)

Nicht warm	0 1 2 3 4	warm
Nicht feindselig	0 1 2 3 4	feindselig
Nicht ängstlich	0 1 2 3 4	ängstlich
Nicht dominant	0 1 2 3 4	dominant
Nicht empathisch	0 1 2 3 4	empathisch
Nicht kompetent	0 1 2 3 4	kompetent
Nicht optimistisch	0 1 2 3 4	optimistisch
Nicht professionell	0 1 2 3 4	professionell
Nicht ehrlich	0 1 2 3 4	ehrlich
Den Patienten nicht mögend	0 1 2 3 4	mögend

Tabelle 10: Kriterien zur Prosodie der Stimme

Atmung	entspannt	0 1 2 3 4
Lautstärke	angemessen	0 1 2 3 4
Tonhöhe	nicht zu hoch, nicht zu tief	0 1 2 3 4
Tempo	angemessen	0 1 2 3 4
Rhythmus	belebend	0 1 2 3 4
Intonation	angemessen	0 1 2 3 4
Artikulation	verständlich	0 1 2 3 4
Mimik	konzentriert	0 1 2 3 4
Blickkontakt	angenehm	0 1 2 3 4
Stimme, Mimik und Blickkontakt	synchron	0 1 2 3 4

16.10 Das Prinzip Antwort im Göttinger Modell

Die Teilnehmer*innen werden mit dem Kapitel 13.5 »Die Stimme in der Gruppentherapie: das Prinzip Antwort im Göttinger Modell« und den Beispielen aus dem zugehörigen Dreisatz vertraut gemacht. Hier noch einmal zur Wiederholung der Dreisatz aus dem Göttinger Modell:

»*Wenn Sie sich immer so und so verhalten (1. Satz), dann erlebe ich Sie so und so (2. Satz) und dann fühle ich das und das Ihnen gegenüber (3. Satz).*«

Dieser Dreisatz ist didaktisch sehr gut geeignet, die Komplexität der Stimmprosodie zu verdeutlichen. Die Teilnehmer*innen sollen ein Gefühl dafür bekommen, wie unterschiedlich ein und derselbe Satz ausgesprochen bzw. betont werden kann und welche unterschiedlichen Effekte die Aussprache haben kann – in Abhängigkeit des therapeutischen Fokus, der Gegenübertragung, der Struktur des Patienten und der aktuellen Gruppendynamik. Bei dieser Übung wird im ersten Durchgang keine »Perfektion« angestrebt – dafür ist sie zu komplex.

> **◈ Rollenspiel**
>
> Es wird eine Gruppentherapie simuliert. Im Vorfeld wird ein Teilnehmer als »Therapeut« benannt und ein Protagonist für diese Gruppentherapiesitzung ausgewählt. Dieser bringt z. B. als Thema eine Situation aus der Berufswelt: dass er sich ständig aus seiner Sicht »gemobbt« fühle, mit den Kollegen der persönliche Kontakt eingeschränkt werde und er sich als ausgegrenzt wahrnimmt. Im Laufe der Gruppentherapie kristallisiert sich heraus, dass sich der »Patient« gegenüber seinen Kolleg*innen arrogant verhält und diese abwertet. Der »Therapeut« kann nun im Rollenspiel sagen:
>
> *»Wenn Sie sich immer so verhalten, dass Sie Ihre Kolleg*innen abwerten, sobald diese von ihren Wochenaktivitäten berichten, und wenn Sie herablassend erklären, dass diese nicht zu Ihrem Niveau passen, dann erlebe ich Sie als arrogant und dann fühle ich auch bei mir den Impuls, Ihnen gegenüber auf Distanz zu gehen und Sie nicht mehr zum Kaffee einzuladen.«*

Des Pudels Kern bei diesem Rollenspiel ist nun, die Inhalte des Dreisatzes unterschiedlich mit der Stimme zu intonieren. Es können mehrere Möglichkeiten geübt werden, wobei die Reaktionen des »Therapeuten« und des »Protagonisten« erfragt werden. Der Moderator des Rollenspiels fragt: »Wie fühlen Sie sich, wenn Sie das oder jenes mehr betonen? Was haben Sie sich dabei gedacht, z. B. den 1. Satz mehr zu betonen? Ist Ihnen überhaupt bewusst, welchen Abschnitt Sie innerhalb des Dreisatzes betont haben?« Die Teilnehmer*innen der simulierten Gruppe geben ihre Feedbacks. Diese Übung eignet sich besonders zur Selbsterfahrung mit der eigenen Stimme.

16.11 Feedback und Imaginationsübung mit VoceVista Video

Mit den Teilnehmer*innen werden Rollenspiele durchgeführt, die mit dem auf dem Laptop installierten System VoceVista Video aufgenommen werden: Das Spektrogramm mit Parametern wie Schnelligkeit, Pausen, Tonhöhe und Lautstärke kann dann über den Beamer betrachtet werden. Nach Besprechung dieser Stimmparameter kann das Rollenspiel auf Wunsch der Teilnehmer*innen noch einmal wiederholt werden. Diese Wiederholung eignet sich dann für das Training vom Göttinger Modell oder von einfacheren Interaktionen, was gemeinsam mit den Teilnehmer*innen vereinbart werden sollte. Diese sind zudem eingeladen, eigene Fallbeispiele einzubringen. Das System VoceVista Video eignet sich vortrefflich zum Training. Die Aufnahmen werden nach Beendigung des Rollenspiels und der anschließenden Besprechung sofort gelöscht.

Nachdem die Teilnehmer*innen mit dem auf dem Laptop installierten System VoceVista Video vertraut gemacht worden sind, wird mit ihnen eine Imaginationsübung durchgeführt, um das Gefühl für ihre Prosodie zu trainieren. So erhalten die Teilnehmer*innen eine Übung, die sie – je nach Bedarf – in ihrer Praxis bei Therapiegesprächen einsetzen können. Dazu muss ihnen das Programm VoceVista Video dann auch nicht mehr zur Verfügung stehen.

◈ Übung

Stellen Sie sich vor, Sie reden mit einem Patienten. Gleichzeitig konzentrieren Sie sich für einen Moment auf Ihre Stimme und visualisieren das Spektrogramm, wie Sie es im VoceVista Video gelernt haben. Führen Sie sich in einem ersten Schritt nochmal vor Augen, wie im Spektrogramm die Parameter Schnelligkeit, Pausen, Tonhöhe und Lautstärke visuell abgebildet werden. Spüren Sie in einem zweiten Schritt nach, ob Sie so sprechen wollten. Wenn nicht, imaginieren Sie in einem dritten Schritt, wie Sie anders sprechen möchten. Stellen Sie sich dann die neue Sprechweise wieder mit dem VoceVista Video vor. Spüren Sie schließlich, wie Ihnen diese Imagination mehr Sicherheit und Ausdruckskraft für Ihre Stimme verleiht.

16.12 Leitfaden für die Supervision der Stimme in der Gegenübertragung

Vor der Anwendung des Leitfadens werden die Teilnehmer*innen eines Workshops mit der Theorie der Gegenübertragung, vor allem unter dem Gesichtspunkt der komplementären und konkordanten Gegenübertragung, vertraut gemacht (siehe Kapitel 14.4 und 14.5). Dabei wird betont, dass die Berücksichtigung der Gegenübertragung nach unserer Auffassung schulenunspezifisch ist, auch wenn das Konzept historisch aus der Psychoanalyse kommt. Auch Verhaltenstherapeut*innen oder Systemiker*innen können von der Analyse ihrer Gegenübertragung beim Verständnis ihrer Interventionen profitieren (vgl. Schattenburg, 2007).

Unter Gegenübertragung wird die emotionale Reaktion des Therapeuten auf den Patienten verstanden. »So kann beispielsweise eine Patientin, die sich vor erotischen Gefühlen fürchtet, Ärger, Rückzug oder Langeweile beim Therapeuten auslösen« (Caligor et al., 2010, S. 122 f.). Folgende innere Gefühlsreaktionen des Therapeuten können auf eine Gegenübertragung hinweisen: »Verhalte ich mich anders, als ich es von mir kenne? Tauchen plötzlich ohne guten Grund Reaktionen wie z. B. Unruhe, Müdigkeit, Ärger, zu viel Verantwortungsübernahme für den Patienten auf?« (Heiland, 2018, S. 213). Eine Gegenübertragung kann nach Racker (2017) in eine konkordante und eine komplementäre Variante unterschieden werden. Bei einer konkordanten Gegenübertragung ist der Therapeut mit dem Erleben des Patienten emotional identifiziert. Als Beispiel: Eine Patientin hat einen Ohrring verloren, sie ist traurig und der Therapeut ist traurig in seiner Gegenübertragung. Der Therapeut sagt: »*Die Tatsache, dass Sie den Ohrring nicht mehr finden, scheint Gefühle des Verlustes in Ihnen wachgerufen zu haben*« (Racker, 2017, S. 124).

Bei einer komplementären Gegenübertragung wiederum identifiziert sich der Therapeut mit den Objekten des Patienten, z. B. mit einem strafenden Objekt. Diese Gegenübertragung reflektiert abgespaltene, verdrängte oder projizierte Emotionen des Patienten, die ihm nicht bewusst sind, die sich aber in der komplementären Gegenübertragung abbilden können. Bezogen auf unser Beispiel: Der

Therapeut fühlt sich gereizt, vielleicht verärgert, ist in einer kritisierenden Stimmung. Dieser Therapeut sagt dann: »*Ich frage mich, ob Sie fürchten, ich könnte mit Ihnen schimpfen, weil Sie einen der Ohrringe, die Ihnen Ihre Mutter überlassen hat, verloren haben*« (S. 124).

Caligor et al. (2010) analysieren bei ihren Beispielen nicht weiter die Prosodie der Stimme des/der Therapeut*in. Wir vermuten, dass sich die unterschiedliche Stimmenprosodie der Therapeut*innen bei einer konkordanten oder komplementären Gegenübertragung abbilden lässt. Unsere Hypothese – die es in Videoanalysen weiter zu erforschen gilt – lautet: In der konkordanten Gegenübertragung ist die Stimme des Therapeuten weicher, leiser und wärmer als bei einer komplementären Gegenübertragung. Ferner widersprechen wir Grawe (siehe Kapitel 12.2), der fordert, dass der Therapeut professionell, kompetent, warm und empathisch sprechen soll. Aber, wie oben schon ausgeführt, wird dies in der Praxis nicht immer der Fall sein. Und was dann? Sollen die Therapeut*innen belehrt werden? Spricht ein Therapeut nicht in der von Grawe vorgeschlagenen Prosodie, so ist dies nicht als ein »Fehler« zu bewerten, sondern es bietet die produktive Möglichkeit, die Stimme unter dem Gesichtspunkt einer konkordanten oder komplementären Gegenübertragung möglichst neutral zu supervidieren. Dafür schlage ich folgenden Leitfaden vor (Schattenburg, 2019):

1. Kennen Sie das Konzept der komplementären und der konkordanten Gegenübertragung?   0 1 2 3 4
2. Sind Sie damit einverstanden, dass Sie zunächst einmal Ihre Stimme mit einer neutralen Haltung analysieren sollten?   0 1 2 3 4
3. Spüren Sie einen Zusammenhang zwischen Ihrer Stimme und Ihrer Gegenübertragung gegenüber dem Patienten?   0 1 2 3 4
4. Sind Sie sich bewusst, dass die Prosodie Ihrer Stimme eine Verbindung haben kann mit der Pathologie des Patienten im Kontext der Gegenübertragung?   0 1 2 3 4

5. Spüren Sie, dass Ihre Stimme nicht warm und nicht empathisch, aber vielleicht suggestiv ist durch eine starke Intonation? Können Sie dies für die Analyse einer komplementären Gegenübertragung nutzen?   0 1 2 3 4
6. Spüren Sie, dass Ihre Stimme warm, empathisch, langsam und vielleicht nicht suggestiv ist durch eine geringe Intonation? Können Sie dies nutzen für die Analyse einer konkordanten Gegenübertragung?   0 1 2 3 4
7. Können Sie die Prosodie Ihrer Stimme in einer produktiven therapeutischen Weise nutzen nach der Analyse der jeweiligen Gegenübertragung?   0 1 2 3 4
8. Zeigt sich bei Ihnen nach der Behandlung von mehreren Patienten ein Trend in Richtung Prosodieprofil A (warm, empathisch, nicht suggestiv) oder in Richtung Prosodieprofil B (kalt, nicht empathisch, suggestiv)?   0 1 2 3 4
9. Würden Sie dann diesem Muster in einer Selbsterfahrung nachgehen, um zu schauen, ob die Gegenübertragung auch etwas mit Ihrer Person und nicht nur mit dem Patienten zu tun hat?   0 1 2 3 4

Dieser Leitfaden wird in einem Rollenspiel eingeübt, indem eine Therapeut-Patient-Interaktion simuliert wird. Ein Teilnehmer soll einen Patienten spielen, der von einem Misserfolg berichtet. Ein weiterer Teilnehmer soll einen Therapeuten spielen, der auf diesen Misserfolg erst mit einer weichen Stimme, später mit einer strafenden Stimme reagieren soll. Danach wird geschaut, mit welchem Teilobjekt der Therapeut beim Patienten identifiziert ist: mit einem vergebenden oder mit einem strafenden Über-Ich. Mögliche Konsequenzen für die psychotherapeutischen Interventionen werden besprochen: So kann der Therapeut sowohl ein vergebendes als auch ein strafendes Über-Ich in Bezug setzen zur Biografie des Patienten und beide Über-Ich-Anteile therapeutisch bearbeiten. Entscheidend bei diesem Rollenspiel ist es, die Bewertung bei der Prosodie der Stimme herauszunehmen und neutral unter dem Gesichtspunkt einer konkordanten oder komplementären Gegenübertragung zu betrachten, um dann therapeutisch sinnvoll intervenieren zu können.

Ergänzung zum Leitfaden: Grundsätzlich wird zwischen einer Supervision und einer Selbsterfahrung unterschieden. Jede Supervision hat Selbsterfahrungsaspekte – deren systematische Besprechung ist jedoch nicht Aufgabe des Supervisors. Sollte sich nun bei der Supervision der Stimme im Kontext der konkordanten und komplementären Gegenübertragung herausstellen, dass sich bei den Supervisand*innen ein Muster abbildet, etwa dergestalt, dass der Therapeut vermehrt mit einem sadistischen Über-Ich beim Patienten identifiziert ist, dann kann diese Beobachtung vermehrt in einer Selbsterfahrung vertieft werden. Systematische Selbsterfahrung und systematische Supervision sollten von zwei unterschiedlichen Personen durchgeführt werden. Der Hauptgrund hierfür besteht darin, dass in einer Supervision mehr Wert auf Theorie gelegt wird als in einer Selbsterfahrung.

16.13 Skalen zu rhetorischen Fähigkeiten in der Psychotherapie

Grundkenntnisse in Rhetorik sind für Psychotherapeut*innen sehr hilfreich (vgl. Rhetorik, 2016). Auch dieses Fach wird in der Ausbildung aber leider vernachlässigt. Dabei sind empirische Psychologie und Rhetorik gut miteinander vereinbar. Rhetorik verkörpert die Fähigkeit, den Zuhörer in seinen Bann zu ziehen, ihn zu interessieren, ihn zu begeistern, ihn von einer Aussage zu überzeugen und schlussendlich zu einer Handlung zu bewegen. Besonders betont sei, dass diese Handlungen sinnvoll und ethisch fundiert sein müssen. Dass dabei die Stimme eine prominente Rolle spielt, liegt auf der Hand. Gute Rhetorik will und soll auch wirken. Die Rhetorik ist zudem ebenfalls ein Beispiel für die Zweischneidigkeit – genauso wie die Fortschritte in der Technik (siehe Kapitel 5). Rhetorische Fähigkeiten können für das Gute und für das Böse verwendet werden. Hetzer und Ideologen sind meistens »gute« Rhetoriker, von denen sich ein schwaches Publikum nicht abgrenzen kann und gern verführen lässt. Diese Rhetoriker verstehen es, sich in der Masse narzisstisch aufzublähen. Dann schlägt Rhetorik in Propaganda um.

In der Psychotherapie verfolgen wir verschiedene Ziele: Mal wollen wir einen Patienten trösten, mal konfrontieren, mal Fähigkeiten trainieren, mal ihn entlasten, mal ihn fördern, mal seine Gefühlswahrnehmung verbessern usw. Bei dem einen Patienten müssen wir den Optimismus fördern, bei anderen Patienten – vor allem in der Psychotherapie des Alters – geht es eher darum, Versöhnung mit der Biografie zu fördern sowie das Loslassen und die Endlichkeit ins Auge zu fassen. Im folgenden Beispiel wird veranschaulicht, wie wir unsere Stimme suggestiv einsetzen, um den Patienten zu motivieren. Ich verweise dabei auf das Buch von Fürstenau (2002) mit dem Titel: »Psychoanalytisch verstehen. Systemisch denken. Suggestiv intervenieren.« Zur Rhetorik gehört: Inhalt des Gesprochenen, Körperhaltung, Mimik, Gestik und *die Stimme* (authentisch, nicht aufgesetzt, ruhig, kräftig, vor dem Ansetzen der Sätze tief Luft holend), auch Intonationswechsel spielen eine Rolle: mal abfallend, dann wieder ansteigend, die Betonungen richtig setzend (kurzum: suggestiv). Person und Ausstrahlung sind identisch. Selbstbewusstsein und Überzeugungskraft sind glaubwürdig. Entscheidend für den Therapieerfolg ist, dass die Therapeut*innen glaubhaft den Patient*innen vermitteln, dass sie zu ihrer Theorie stehen und von ihren Methoden, wie psychische Krankheiten behandelt werden, überzeugt sind und das entsprechend ausstrahlen.

Unter rhetorischen Fertigkeiten verstehen wir in unserem Kontext: das Zeigen von Verständnis und Empathie, die Fähigkeit, dem Patienten Mut zuzusprechen und Optimismus auszustrahlen, den Patienten für eine Stabilisierung und Veränderung zu begeistern, dessen Ressourcen zu aktivieren, die Ausstrahlung von Selbstbewusstsein und ethischer Integrität sowie die Fähigkeit, Trost zu spenden und Prozesse des Loslassens und der Trennung zu unterstützen.

Ich fasse diese Eigenschaften nachfolgend in einer Skala zusammen. Diese Form der Übersicht verwende ich anschließend auch für weitere wichtige Aspekte der Praxis, damit die Teilnehmer*innen am Ende des Workshops alle Skalen im Überblick ankreuzen können (siehe Tabelle 11):

> **Skala zu rhetorischen Fähigkeiten**
> Ich verfüge über rhetorische Fähigkeiten im
> therapeutischen Prozess.   0 1 2 3 4

Diese rhetorischen Fähigkeiten müssen auch sprachlich transportiert werden können durch die Prosodie der Stimme. Je nach Situation und in Abhängigkeit der Patient*innen sollte die Prosodie der Stimme beim Einsatz rhetorischer Fähigkeiten folgendermaßen sein: authentisch, kräftig, fest, kraftvoll, warm, fordernd, nachdrücklich, ruhig, beruhigend, leise, intonierend, flüssig, Pausen berücksichtigend usw. Auch diese Eigenschaften der Stimmenprosodie können über die Skala von 0 bis 4 für den schnelleren Überblick persönlich angekreuzt werden.

> **Skala zur Prosodie der Stimme bei Einsatz rhetorischer Fähigkeiten**
> Ich verfüge über eine angemessene Prosodie
> beim Einsatz rhetorischer Fähigkeiten.   0 1 2 3 4

Nach der Besprechung dieser rhetorischen Grundlagen werden mit den Teilnehmer*innen des Workshops Rollenspiele durchgeführt und anhand der ausgefüllten Skalen besprochen. Es geht dabei um Ausstrahlung von Optimismus, motivierende Wirkung, aber auch das Zulassen von Trauer und Endlichkeit. Die Verwendung einer prosodisch suggestiven Stimme heißt in der Psychotherapie: Ziele und Fokus mit dem Patienten gemeinsam zu vereinbaren. Im Begriff der Suggestion läuft immer der Verdacht der Überredung oder der Manipulation mit, die dem Patienten schaden kann. Daher muss sichergestellt werden, dass eine Suggestion dem Patienten »nutzt« (vgl. auch Fürstenau, 2002). Allerdings enthalten wirkmächtige Interventionen immer ein Element von Suggestion.

16.14 Skala zur Stimme bei Psychoedukation und bei Vorträgen

Ich möchte das vorangegangene Kapitel ausweiten auf die rhetorischen Fähigkeiten, die die Psychotherapeut*innen brauchen, wenn sie in ihrer Praxis Elemente der Psychoedukation verwenden oder als Dozent*in tätig sind oder regelmäßig in Kliniken Vorträge halten. In einer integrativ fundierten Psychotherapie, wie wir sie vertreten, ist es ganz normal, dass der Psychotherapeut dem Patienten oftmals Fragen aus der klinischen Psychologie erklären muss: »Was sind Depressionen? Was ist Psychotherapie? Was ist Tiefenpsychologie? Was ist Verhaltenstherapie?« Auch Einzel- oder Gruppentherapie enthalten in unserem Verständnis oft Elemente der Psychoedukation. Diese ist stimmlich beeinflussbar durch folgende Prosodie: laut und leise, hoch und tief, langsam und schnell, ruhig und mitreißend, mit Pausen und einer durchgehenden Diktion, nicht stotternd, nicht lange überlegend, sondern präzise sprechend.

◈ Rollenspiel

Ein(e) Teilnehmer*in aus dem Workshop-Kreis spielt einen »Dozenten« und soll einen Vortrag halten zu einem selbstgewählten Thema, etwa: »Was sind Angststörungen und wie werden diese behandelt?« Die Zuhörer sollen diesen Vortrag anschließend mit Hilfe der Kriterien der Rhetorik, wie diese im Kapitel 16.13 beschrieben wurden, besprechen.

Skala zur Stimme bei Psychoedukation und bei Vorträgen

Ich spüre, wie ich mit meiner Stimme Inhalte
der Psychotherapie gut vermitteln kann.　　　　0　1　2　3　4

16.15 Skala zu Stimme und Schweigen

Auch im Schweigen können therapeutische Inhalte be- und verarbeitet werden. Wir wissen aus der Erforschung kreativer Prozesse, dass wir nicht ständig hochkonzentriert an einem Thema arbeiten, sondern manchmal auch vor uns »hindösen«, nahezu somnambul sind und Momente der Einsamkeit brauchen, in denen geschwiegen wird, um dann plötzlich mit dem Thema wieder voranzukommen. In der klassischen Psychoanalyse spielte das Schweigen eine prominente Rolle, um das Vor- respektive das Unbewusste zu aktivieren. »Reden ist Silber, Schweigen ist Gold« ist ein mögliches Leitmotiv. Bei der heutigen Ressourcenaktivierung ist das Schweigen eher zurückgedrängt. Schaut man Videos mit dem brillanten Hypnotherapeuten Gunther Schmidt (Heidelberg) an, kommt darin das Schweigen nicht vor. Es wird schnell auf die Ressourcenaktivierung fokussiert. Vielleicht zu schnell? Schweigen und Sprechen sind zwei Seiten einer Medaille, die in einem dialektischen Verhältnis zueinander stehen (siehe im Theorieteil Kapitel 11.2).

> ### ◈ Rollenspiel
>
> Ein(e) Teilnehmer*in spielt einen »Patienten« in einer Situation X, die es zu definieren gilt. Ein(e) andere(r) Teilnehmer*in spielt einen »Therapeuten«. Der Therapeut reagiert auf diese Situation X mit unterschiedlich langem Schweigen. Die Teilnehmer*innen sollen auf diese Weise ein Gespür für die Prosodie des Schweigens bekommen und eine Erfahrung davon machen, was das Schweigen beim Patienten auslösen kann (Gedanken, Gefühle, Phantasien, Unsicherheit usw.).

Bei dieser Übung geht es darum, herauszufinden, inwieweit ich mit dem Schweigen arbeiten kann und wie lange ich das Schweigen aushalte. Natürlich gibt es kein »richtiges« oder »falsches« Schweigen, vielmehr wird mit dem Schweigen immer ein therapeutisches Ziel oder ein therapeutischer Fokus verfolgt. Grundsätzlich fördert das Schweigen regressive Prozesse. Der/Die Therapeut*in muss entscheiden, inwieweit er/sie mit regressiven Prozessen arbeiten möchte und ob er/sie dies auch kann. Die Stimulierung regressiver Prozesse kann therapeutisch sinnvoll sein, birgt aber auch die Gefahr von unerwünschten Nebenwirkungen (vgl. Linden u. Strauß, 2018).

> **Skala zum Schweigen**
> Ich halte das Schweigen gut aus und kann es
> therapeutisch produktiv nutzen. 0 1 2 3 4

16.16 Skala zu Stimme und Lachen

Wie bereits im Kapitel 15 dargelegt, sind Humor und Lachen wesentliche Wirkfaktoren der Psychotherapie, vor allem der ressourcenorientierten Psychotherapie, aber auch der integrativen Psychotherapie. Das Lachen hat genauso wie das Sprechen eine Prosodie, wofür man sich bei der Supervision der Stimme sensibilisieren sollte. In diesem Kontext machen wir ein Rollenspiel, bei dem der »Therapeut« einen Witz, Spruch oder einen lustigen Aphorismus einbaut. Beide Protagonisten sollen dazu in eine Atmosphäre versetzt werden, in der sich ein Lachen ergeben könnte. Ein Lachen kann man natürlich nicht erzwingen. Dazu nehmen wir die Aphorismen und Sprüche aus dem Kapitel 15. Passende Rollenspiele werden mit den Teilnehmer*innen anhand der Beispiele aus diesem Kapitel überlegt. Ein geeignetes Rollenspiel könnte so aussehen:

Beispiel: Ein narzisstisch strukturierter »Patient« schildert in der von mir durchgeführten indikativen berufsbezogenen Gruppentherapie (BTG), wie leistungsorientiert er sich fühlt, wie wichtig für ihn der Beruf ist, dass er seine Familie vernachlässigt und kein Gefühl für die Work-Life-Balance mehr hat usw. Der »Therapeut« fragt ihn zu einem »günstigen« Zeitpunkt im Gruppengespräch, ob er Humor habe und mit dem Einsatz eines passenden Spruchs einverstanden sei, der seine Situation auf den Punkt bringt. Der Patient hat nichts dagegen. Dann sagt der Therapeut: *»An der Spitze zu stehen ist für mich zu weit hinten.«* Patient und Gruppenmitglieder müssen lachen, auch der Therapeut lacht mit.

Wichtig ist, dass ein derartiger Spruch gut auf den Patienten abgestimmt sowie perfekt platziert und dosiert sein muss. Ist dies der Fall, so können solche Sprüche respektive Aphorismen therapeutisch gute Effekte erzielen, was meine eigene Erfahrung damit zeigt. Im vorliegenden Fall lachen alle: Patient, Gruppenmitglieder und Therapeut. Es ist ein dosiert konfrontatives Lachen, das dem Patienten die »Absurdität« seiner Leistungsansprüche verdeutlichen soll, denn höher als die Nummer eins gibt es nicht. Durch dieses Lachen soll der Patient stimuliert werden, sich selbst zu ironisieren und nicht mehr so ernst zu nehmen. Psychoanalytisch könnte man sagen: Durch diesen Spruch soll ein sadistisches Über-Ich ironisiert und relativiert werden. Die zu enge Verschmelzung zwischen Ich und Ich-Ideal wird gelockert durch Humor und Selbstironie, die als reife Abwehrmechanismen gelten. Bei dieser Technik der Ironisierung und Entmachtung des malignen-sadistischen Über-Ichs muss besonders feinfühlig darauf geachtet werden, dass Schamaffekte reaktivierbar sind, wie sie vor allem Léon Wurmser (2013) enzyklopädisch beschrieben hat. Aber wir kommen an der Entmachtung eines malignen-sadistischen Über-Ichs oder des »inneren Richters« (Wurmser, 1998, S. 111) nicht vorbei, das oder der bei manchen Formen der Depressionen sowie bei manchen Erscheinungen des Burn-outs und des Perfektionismus eine Rolle spielen kann. Und bei dieser notwendigen Entmachtung kann Humor eine mögliche wichtige Intervention sein.

Skala zum Lachen
Ich spüre die Prosodie meines Lachens und
kann diese ressourcenorientiert nutzen.   0 1 2 3 4

16.17 Skala zu Stimme und Pause in einem therapeutischen Gesprächsverlauf

Mit dem Schweigen hängen Pausen im therapeutischen Geschehen natürlich eng zusammen, aber das Schweigen geht über das Herstellen von Pausen deutlich hinaus. Das Schweigen bezieht sich auf beide

Protagonisten: Therapeut*in und Patient*in schweigen zusammen, um dem Gesagten nachzuspüren. Bei der folgenden Übung geht es darum, ein Gefühl dafür zu bekommen, ob ich eine Pause beim Sprechen oder Durchführen einer Intervention einfügen kann, ob ich die Ruhe in einer Pause bewusst spüre, wann Pausen beim Sprechen sinnvoll sein können, wie ich diese aushalte und wann ich wieder ins Sprechen oder in eine praktische Intervention zurückkommen sollte. Gerade, wenn der Patient nachdenkt, weint oder sich traurig fühlt, ist ein gutes Gespür für die Pausen beim Intervenieren wichtig. Das Schweigen und das Durchführen von Pausen haben unterschiedliche Funktionen: Ich kann regressive Prozesse unterstützen, damit ein Patient ein Gefühl besser spürt, kann eine entspannte Stimmung fördern zum Ausruhen, kann etwas konzentriert nachspüren usw. Diese Übung ist klar abzugrenzen von der im nächsten Kapitel beschriebenen Übung, in der eine Redepause für eine ganze Stunde mit dem Patienten einvernehmlich vereinbart wird. Bei der aktuellen Übung geht es vielmehr um punktuelle Pausen innerhalb eines Interview- oder Gesprächsverlaufes. Pausen können sinnvoll, zu viele Pausen oder zu lange Pausen können hingegen kontraproduktiv sein. Auch dabei kommt es also wieder auf die berühmte Dosis an.

◈ Rollenspiel

Ein »Therapeut« führt in einem Workshop mit einem »Patienten« ein Erstinterview durch. Dieses Erstinterview kann unterschiedlich orientiert sein: tiefenpsychologisch, verhaltenstherapeutisch, systemisch, gesprächspsychotherapeutisch usw. Im Rahmen eines Workshops wird das Interview auf Video oder VoceVista Video aufgenommen. Dann gucken sich die Teilnehmer*innen dieses aufgezeichnete Rollenspiel gemeinsam an unter dem Pausenaspekt: Wo wurden Pausen gemacht, wo könnte man welche machen usw.

Meine Erfahrung zeigt, dass manche Teilnehmer*innen für Pausen zu wenig Gespür haben und diese nicht bewusst genug in ihrer Feedbackschleife zu ihrem Ohr einbauen. Natürlich gibt es keine »richtigen« Pausen, dafür aber »plausible« und »förderliche« Pausen.

◈ **Rollenspiel**

Ein alternatives Rollenspiel könnte so aussehen, dass ein »Therapeut« eine Stunde aus fortgeschrittener Therapie mit einem »Patienten« nachspielt, z. B. die 20. Stunde. Ein(e) Teilnehmer*in aus dem Workshop bringt möglicherweise auch aus seiner/ihrer Praxis ein Fallbeispiel mit.

Skala für Pausen im Gesprächsverlauf
Ich habe ein gutes Gespür für Pausen und kann
diese therapeutisch sinnvoll nutzen.   0 1 2 3 4

16.18 Skala zu Stimme und Redepause für eine Therapiestunde

Wie zuvor im Kapitel 11.6 erwähnt, gibt es Situationen, in denen es sinnvoll sein kann, einen Patienten in einer Gruppentherapie dazu zu motivieren, sich einmal komplett zurückzuhalten, nichts zu sagen und nur zuzuhören. Hier gilt der Volksmund: »Reden ist Silber, Schweigen ist Gold.« Dies wird beim Patienten Reaktionen auslösen, die es in der darauffolgenden Stunde zu besprechen gilt. Es gibt noch ein weiteres Beispiel, bestimmte Patienten für eine Redepause zu motivieren. Hierbei handelt es sich um ängstliche Patienten, die sich nicht trauen, in der Gruppe etwas zu sagen. Mit diesen Patienten wird vereinbart, dass sie in einer bestimmten Gruppenstunde X bewusst nichts sagen sollen. Diese Vereinbarung wird in den Gruppen transparent gemacht, um zu vermeiden, dass der Protagonist, mit dem die Redepause aktuell (nach Zustimmung) abgemacht wurde, nicht als unkooperativ oder unmotiviert wahrgenommen wird. Normalerweise gilt nämlich in der Gruppentherapie die Regel mitzumachen. Aber von dieser Regel kann es die berühmte Ausnahme geben. Ich habe mit derartigen, mit den Patient*innen einvernehmlich vereinbarten Redepausen innerhalb einer integrativ fundierten Gruppentherapie hervorragende Erfahrungen gemacht, die therapeutisch sehr breit genutzt werden können. Dem Patienten wird der therapeutische Sinn dieser Redepause erklärt und er wird dann gefragt: »Sind Sie damit einverstanden, dass wir diese Übung jetzt mit Ihnen machen?« Viele Patient*innen erleben die vereinbarte Redepause als sehr entlastend oder anregend.

◈ Übung

Die Teilnehmer*innen eines Workshops simulieren zwei Gruppensitzungen. In der ersten wird ein(e) Teilnehmer*in als »Gruppenleiter« bestimmt. Ferner wird ein(e) Teilnehmer*in gewählt, der/die einen überaktiven, narzisstisch strukturierten »Patienten« spielen soll. Dieser Patient dominiert die Gruppe, lässt sich durch deren Feedback nicht beeinflussen, kann nicht zuhören, kann nicht schweigen, wertet die Gruppe und die Mitpatienten ab: »Warum Gruppentherapie? Das bringt doch nichts! Sind Sie als Gruppenleiter überhaupt ausgebildet? Die Zeit in einer psychosomatischen Klinik ist doch sowieso zu kurz!«

Der Leiter vereinbart nun – einvernehmlich – eine Redepause mit diesem Patienten. Er erklärt ihm den therapeutischen Sinn dieser Redepause.

Dann wird nach dieser ersten Gruppensitzung eine Kaffeepause im Workshop gemacht, um Distanz zu gewinnen, anschließend wird eine zweite Gruppensitzung simuliert. In dieser wird der »Patient« nun gefragt, wie er sich bei der therapeutisch verordneten Redepause gefühlt habe, welche Gedanken ausgelöst worden seien, wie er diese Übung auf seine Symptomatik beziehen und – vor allem – was er aus dieser Übung für sein privates und berufliches Umfeld lernen könne.

In der Praxis müssen wir damit rechnen, dass durch eine derartige Übung sowohl aggressive Übertragungen als auch solche, in denen sich der Patient gestützt und entlastet fühlt, ausgelöst werden können. Beide Übertragungsbereitschaften sind möglich und geben therapeutisch wichtige Stimuli.

Skala zu Redepausen für eine Therapiestunde
Ich kann Redepausen sozial angemessen und
therapeutisch dosiert stimulieren.   0 1 2 3 4

16.19 Skala zur Stimme im Gruppentraining sozialer Kompetenzen (GSK)

Im Kapitel 13.6 habe ich das GSK vorgestellt. Ich stehe dabei in der Tradition von Hinsch und Pfingsten (2002), habe aber deren Konzept an unsere Klinik angepasst (Schattenburg, 2008). Nach meinem Konzept werden zwei Rollenspiele durchgeführt mit den gleichen Protagonist*innen zum gleichen Thema, das vor dem Rollenspiel vereinbart wurde. Wird eine Mutter-Sohn-Interaktion trainiert, so wird im ersten Durchgang die Problemlage »gespielt«: Die Patientin sagt, dass ihr Sohn ihr auf dem Kopf herumtanze. Dann gibt es Feedback durch die Gruppenmitglieder. Anschließend wird im zweiten Durchgang gespielt, wie sich die Mutter gegenüber dem Sohn sozial angemessen durchsetzen kann. Bei der Durchsetzung solcher sozial legitimer Interessen spielt erfahrungsgemäß die Stimme der Patient*innen eine große Rolle, die dementsprechend trainiert werden sollte.

◈ Rollenspiel

Drei Protagonist*innen aus dem Pool der Workshop-Teilnehmer*innen werden ausgewählt und unter ihnen werden die Rollen verteilt. Die erste Protagonistin spielt die »Mutter«, der zweite Protagonist den »Sohn«. Hauptperson des Rollenspiels ist nun der Moderator dieses Trainings sozialer Kompetenzen. Er soll die zwei Rollenspiele moderieren, das Feedback durch die Gruppenmitglieder nach dem ersten Durchgang einholen und dabei auf das Training der Stimme fokussieren: Die Stimme der Mutter soll im zweiten Durchgang angemessen lauter, tiefer, intonierender und flüssiger sein. Bei der Durchführung des zweiten Rollenspiels ist zudem darauf zu achten,

> dass die Mutter mit einem Erfolgserlebnis aus diesem Durchgang herausgeht. Um dieses Erfolgserlebnis sicherzustellen, sind vom GSK-Leiter manchmal »Regieanweisungen« zur Unterstützung der Protagonistin vonnöten.

Die Moderation von Rollenspielen im GSK ist nach meiner langjährigen Erfahrung mit der Implementation dieses Verfahrens in einer Klinik ein anspruchsvolles Unterfangen und bedarf der regelmäßigen Supervision. Patient*innen mit niedrigem Strukturniveau können mit falsch dosierten Rollenspielen schnell überfordert werden und mit einem Misserfolgserlebnis aus dem GSK gehen. Dies sollte durch eine gute Moderation verhindert werden, was aber nicht immer gelingt. In diesem Fall sind weitere Trainingseinheiten respektive nachfolgende Einzelgespräche zu empfehlen.

Skala zur Stimme im Gruppentraining sozialer Kompetenzen (GSK)

Ich kann die Stimme der Patienten im GSK-
Rollenspiel dosiert trainieren. 0 1 2 3 4

16.20 Skala zur Umbewertung der Stimme eines Gegenübers als Schallwellen

Im Kapitel 13.1 »Die Stimme im Rahmen des radikalen Konstruktivismus« habe ich ausgeführt, dass im Ansatz von Gunther Schmidt (2004) die Stimme erst einmal als Bündelung von Schallwellen verstanden wird, die keine »objektive« Bedeutung haben. Im Kontext des radikalen Konstruktivismus bestimmt immer der Empfänger über die Bedeutung der Signale. Dieser sympathische Ansatz kann konstruktiv genutzt werden, berücksichtigt man das Strukturniveau des Patienten, wenn ihm eine Einstellungsänderung vorgeschlagen wird. Gut strukturierte Patienten können von diesem Vorschlag relativ schnell profitieren: »Lassen Sie sich nicht vom Gefühl der

Kränkung mitreißen, wenn Ihr Chef X gesagt hat. Stellen Sie sich vor, dass Ihr Chef mit der Aussage X ›lediglich‹ Schallwellen produziert hat. Sie bestimmen, welche Bedeutung Sie diesen Schallwellen beimessen.« Nach meiner Erfahrung kann dieses Angebot einer Umdeutung – optimal dosiert – einen guten therapeutischen Effekt haben.

> ◈ **Rollenspiel**
>
> Ein »Patient« soll von einer Kränkung berichten. Der »Therapeut« hat die Aufgabe, zunächst auf diese Kränkung empathisch zu reagieren. Dann soll er diesem Patienten die Umdeutung, dass die Stimme des Chefs erst einmal nur Schallwellen produziere und keine »objektive« Kränkung darstelle, anbieten und dem Patienten so verdeutlichen, dass er über das Ausmaß der gefühlten Kränkung mitbestimmen kann. Der Patient wiederum soll das Umdeutungsangebot des Therapeuten im Rollenspiel mit Widerstand aufnehmen, den es seitens des Therapeuten nun zu bearbeiten gilt – so läuft es oft in der Praxis. Dennoch bleibt festzuhalten, dass diese Umdeutung eine gute Intervention sein kann.

Skala zur Umbewertung der Stimme eines Gegenübers als Schallwellen

Ich kann den Patienten darin unterstützen, die Stimme eines anderen als Schallwellen umzudeuten, um sich von deren toxischer Wirkung zu distanzieren.	0 1 2 3 4

16.21 Skala zur Umbewertung der Stimme des Therapeuten als Schallwellen

Das vorangegangene Kapitel 16.20 ist eine hilfreiche Vorbereitung auf dieses Kapitel, denn nun können wir etwas Spannendes über die Stimme der Psychotherapeut*innen lernen. Auch deren Stimmen produzieren in einem ersten Schritt nur Schallwellen, die von den Patienten mit »Bedeutung« versehen werden. Es ist lohnenswert, sich diesen Zusammenhang einmal in Ruhe klarzumachen, denn: Wir intervenieren ständig in der Psychotherapie, indem wir erklären, trösten, unterstützen, deuten, konfrontieren, strukturieren, orientieren, auf übergeordnete Muster verweisen, stimulieren usw. Stellen wir uns unsere Interventionen, transportiert über die Stimme, zunächst als Schallwellen vor, so entfällt jeder Anspruch auf Richtigkeit und Plausibilität. Diese Kriterien werden erst nach einer Intervention eingeführt. Eine solche Überlegung unterstützt die Psychotherapeut*innen dahingehend, ihre Interventionen mit einer entsprechenden Vorläufigkeit anzubieten. Bei dieser Übung geht es nicht um einen möglichen toxischen Anteil der Stimme, sondern darum, sich als Therapeut zu vergewissern, dass es der Patient ist, der den therapeutischen Ausführungen Bedeutung gibt. Der Therapeut gibt diese Bedeutungen nicht vollumfänglich vor, auch wenn er das – im Eifer seiner therapeutischen Anstrengungen – vielleicht glaubt.

> ### ◈ Rollenspiel
>
> Eine Person als »Therapeut« und eine andere als »Patient« simulieren eine Therapiestunde. Der Therapeut soll sich jedoch währenddessen bewusst nicht auf die Prosodie der Stimme und den Inhalt fokussieren, sondern nur darauf, dass er »Schallwellen« produziert. Im Anschluss wird diskutiert: »Wie leicht fällt diese Übung? Wie fühle ich mich als Therapeut dabei? Wie bemerke ich überhaupt den Effekt meiner Interventionen? Und wie geht es mir dabei, ›nur‹ Schallwellen zu produzieren?«

Diese Übung hat einen hohen Selbsterfahrungswert. Sie ist nach unserer Erfahrung zunächst einmal ungewohnt und hat experimentellen Charakter.

Skala zur Umbewertung der Stimme des Therapeuten als Schallwellen

Ich spüre, dass meine Stimme zunächst einmal nur Schallwellen produziert.	0	1	2	3	4

16.22 Skala zu Stimme und emotionaler Ansteckung

Im Kapitel 7 zur Neurobiologie habe ich den möglichen Zusammenhang zwischen Stimme und den Spiegelneuronen beschrieben. Spricht ein Patient mit einer gedrückt-depressiven Stimme, so kann dies über die »emotionale Ansteckung« die Stimme der Therapeut*innen beeinflussen. Diese Ansteckung läuft über die Spiegelneuronen. Das Phänomen sollte bei der Supervision der Stimme des/der Therapeut*in berücksichtigt werden. In einer Situation X bei einem Patienten Y kann es sinnvoll sein, auf eine gedrückt-depressive Stimme mit einer empathisch-weichen Stimme zu reagieren. Dies kann aber die Spiegelneuronen verstärken. Demzufolge kann es in einer alternativen Situation Y bei besagtem Patienten Y sinnvoller sein, diese Symmetrie der Spiegelneuronen zu unterbrechen, indem der Therapeut auf die gedrückt-depressive Stimme des Patienten mit einer zwar empathischen, jedoch auch nicht zu weichen Stimme reagiert. Je nach Situation und Patient kann die Stimme angemessen fordernder werden. Im folgenden Rollenspiel möchten wir stimmlich asymmetrisch reagieren:

◈ Rollenspiel

Ein(e) Workshop-Teilnehmer*in spielt »Therapeut«, ein(e) andere Protagonist*in wird der »Patient«. Dieser klagt in der indikativen Angstbewältigungsgruppe, dass er sich nicht traue, allein in die Stadt zu gehen. Der Therapeut soll ihn nun dazu motivieren. Zur besseren Veranschaulichung werden beide Stimmen während der Sitzung auf Video, Handy oder VoceVista Video aufgenommen. Therapeut und Patient sollen nun mit ihrer Stimme experimentieren:

weich, empathisch, hart, schnell, langsam, intonierend usw. Dabei werden die Tabellen 9 und 10 aus Kapitel 16.9 zur Verfügung gestellt.

Entscheidend bei dieser Übung ist, dass der Therapeut durch die Reflexion ein Gespür dafür bekommen soll, »asymmetrisch« auf die Stimme des Patienten zu reagieren. Asymmetrisch heißt in diesem Kontext: auf eine depressive Stimme nicht mit einer depressiven Stimme zu antworten, auf eine ängstliche Stimme nicht mit einer brüchigen Stimme zu reagieren, auf eine hysterisch-lachend-hohe Stimme nicht gleichermaßen zu antworten oder auf eine aggressiv-narzisstisch-harte Stimme nicht mit einer ebenso aggressiv-lauten Stimme zu reagieren, sondern vielmehr mit einer ruhigen, festen, flüssigen, eher tiefer klingenden Stimme das Gespräch fortzuführen.

Ein solches *stimmlich asymmetrisches Reagieren* der Therapeut*innen auf die Patient*innen braucht ein intensives Training, eine gute Selbstbeobachtung mit einer Feedbackschleife zu den eigenen Ohren und eine kontinuierliche Supervision. Technische Aufnahmen sind dabei sehr zu empfehlen, um die in Nanosekunden ablaufenden Interaktionen im Playback noch einmal in Ruhe anschauen und analysieren zu können. Diese Interaktionen laufen unwillkürlich und oft unbewusst ab, so dass eine unmittelbare Vergegenwärtigung sehr schwierig sein dürfte. Durch die spezifische Prosodie der Stimme können wir eine emotionale Ansteckung hoch-, aber auch runter-regulieren.

Skala zu Stimme und emotionaler Ansteckung
Ich kann stimmlich asymmetrisch bei emotionaler Ansteckung reagieren.   0 1 2 3 4

16.23 Skala zu Stimme des Therapeuten und Abwehr

Über die Prosodie der Stimme können Abwehrprozesse aktiviert und abgebildet werden. Fühle ich mich in einer Situation unsicher, so kann ich diese Unsicherheit durch eine laute und schrill-hohe Stimme kompensieren. Oder ich kann aufkommende Trauer durch eine laute, hektische Stimme überspielen, obwohl eine ruhige, langsame Prosodie deutlich angemessener wäre. Oder ich habe eine warme, langsame und unterwürfige Stimme, mit der ich die Angst vertreibe, mich einem Patienten gegenüber durchzusetzen. Auch das Lachen kann eine Unsicherheit abwehren: Andersherum kann ich in bestimmten Situationen eine gute Stimmung durch eine traurige Stimme verhindern, weil ich mir aus Schuldgefühlen heraus die gute Stimmung nicht gönnen darf. Einige der älteren Leser*innen werden sich noch an ihre Ausbildungszeiten oder die frühen Berufsjahre erinnern, in denen man noch mit guter Laune zur Arbeit oder in eine Supervisionsstunde gegangen ist und diese gute Laune ganz schnell von selbsternannten klassischen Psychoanalytiker*innen in eine depressive Stimmung gekippt wurde, weil eine gute Laune nicht mit der Abstinenzregel vereinbar war. »Klassische Psychoanalytiker« durften auch in der Praxis nicht lachen. Das mürrisch-depressive Gesicht von Freud war ihr Vorbild, obwohl sich dieser selbst in seiner Praxis nicht einmal an seine niedergeschriebenen Regeln gehalten hat. Im folgenden Rollenspiel wollen wir die Abwehr untersuchen:

◈ Rollenspiel

Es soll eine Interaktion zwischen einer »Therapeutin« und einer »Patientin« gespielt werden, in der die Therapeutin unter Druck gesetzt wird. Es kann sich dabei um eine narzisstisch-anspruchlich-histrionische Patientin handeln, die die Therapeutin »anschreit« und negativ bewertet. Es kann aber auch eine depressiv-zwanghafte Patientin gemeint sein, die eine klagende, gehemmte und nuschelnde Stimme hat. Die Therapeutin soll nun nachspüren, inwieweit ihre eigene niedergedrückt-brüchige Stimme ihre Unsicherheit, ihre Überforderung oder ihre Wut auf ein aggressives Gegenüber abwehren könnte.

Bei dieser Übung steht die Berücksichtigung der Gegenübertragung im Fokus. Diese meint: Ich werde wütend auf den Patienten und diese Wut macht sich in irgendeiner Weise in meiner Stimmenprosodie bemerkbar – sei es, dass ich die Wut auf den Patienten abwehre und ihm gegenüber in einer Reaktionsbildung äußerst höflich bleibe, oder sei es, dass ich die Wut dosiert in meiner Stimme ausdrücke, indem ich lauter und bestimmter spreche.

> **Skala zu Stimme des Therapeuten und Abwehr**
> Ich spüre, dass ich mit der Prosodie meiner
> Stimme ein Gefühl abwehren kann. 0 1 2 3 4

16.24 Skala zu Stimme des Patienten und Abwehr

Für die folgende Übung wollen wir die Perspektive wechseln und uns für einen Moment auf die Stimme der Patient*innen fokussieren. Dazu nehmen wir die Arbeit von Clarkin et al. (2008) zu Hilfe, die die übertragungsfokussierte Psychotherapie (TFP, Transference-focused Psychotherapy) entwickelt haben. Bei der Behandlung der Borderline-Patienten spielt im Rahmen der Objektbeziehungstheorie vor allem das Definieren der dominanten Objektbeziehungsdyaden eine entscheidende Rolle. Solche Objektbeziehungsdyaden, die es in der Therapie zu aktivieren gilt, sind z. B. »destruktives, böses Kind vs. strafender, sadistischer Elternteil oder kontrolliertes, wütendes Kind vs. kontrollierender Elternteil« (Clarkin et al., 2008, S. 39). Entscheidend beim TFP-Ansatz ist nun, dass mehrere Dyaden auf einem unterschiedlichen Niveau gleichzeitig existieren und sich gegenseitig abwehren: »Ein neurotischer Aggressionskonflikt kann auf bewusster Ebene bedeuten, sich als höflich, jedoch unterwürfig gegenüber einer mächtigen Autorität zu erleben, während gleichzeitig eine andere Dyade konsistent verdrängt wird, in der ein rebellisches Selbst eine sadistische Autorität aggressiv herausfordert. Diese zweite Dyade unterliegt der konsequenten Verdrängung und hat keinen Zugang zum Bewusstsein, außer im Fall der Regression, wie etwa in explosiven, ärgerlichen Wutausbrüchen oder aber in der Bildung neurotischer Symptome« (Clarkin et al., 2008, S. 17 f.).

Diese Analyse von Clarkin et al. wollen wir nun auf die Prosodie der Stimme beziehen. Wir vermuten, dass bei der ersten Dyade (unterwürfige Reaktionsbildung auf den aggressiven Chef) die Stimme leise, beherrscht, ruhig, eben höflich ist. Bei der zweiten Dyade (Reaktivierung der Dyade rebellisches Selbst vs. sadistischer Elternteil) dürfte sich hingegen die Prosodie der Stimme laut, schreiend und hell gestalten. Im Kontext der psychoanalytischen Abwehrtheorie bedeutet das: Die erste Stimme (leise, beherrscht, ruhig, höflich) wehrt die zweite Stimme (laut, schreiend, hoch) ab. Wir vermuten zudem, dass sich der Patient mit der ersten Stimme vor seiner zweiten Stimme schützen muss, denn das Hineingehen in die Regression dürfte für den Patienten u. U. sozial unangenehm sein. Trotzdem ist die zweite Stimme unterschwellig virulent und noch nicht entschärft. Mit der folgenden Übung soll trainiert werden, dass der Psychotherapeut ein Gefühl für die zwei sich gegenseitig abwehrenden Objektbeziehungsdyaden bekommt, die sich stimmlich abbilden lassen.

◈ Rollenspiel

Aus dem Pool der Workshop-Teilnehmer*innen werden ein »Therapeut« und ein »Patient« einvernehmlich ausgewählt. Der Therapeut spielt den »Chef«; der Patient spielt einen »Angestellten«. Im Laufe der Therapiestunde kristallisieren sich die oben genannten zwei Objektbeziehungsdyaden mit den unterschiedlichen Stimmen heraus. Der Therapeut kann diese wahrnehmen und deuten. Bei der ersten Stimme deutet der Therapeut die erste Objektbeziehungsdyade: »Wenn Sie mir so von Ihrem Chef erzählen, habe ich das Gefühl, dass Sie sich sehr freundlich ihm gegenüber verhalten und sich auch in Ihrer Stimme leise und sehr höflich geben. Kann das sein?« Bei der zweiten Stimme deutet der Therapeut die zweite Objektbeziehungsdyade: »Kann es sein, dass Sie manchmal das Gefühl haben, Ihren Chef anschreien zu wollen, sich dies aber nicht trauen, und Sie dann wieder sehr leise und höflich werden, weil Sie Angst haben auszuflippen?« Diese Deutungen bleiben eingebettet in den jeweiligen hochkomplexen therapeutischen Kontext.

> **Skala zu Stimme des Patienten und Abwehr**
> Ich spüre die Prosodie bei sich gegenseitig
> abwehrenden Objektbeziehungsdyaden. 0 1 2 3 4

16.25 Skala zur Stimme beim Gebrauch von Sprüchen und Aphorismen

Im Kapitel 15 habe ich ein paar Sprüche und Aphorismen zusammengestellt. Deren Verwendung kann aber den Workshop-Teilnehmer*innen natürlich nicht verordnet werden. Man muss schon ein gewisses »Faible« dafür und einen entsprechend ausgeprägten Sinn für Humor haben. Ferner braucht es ein gutes Training, Aphorismen passend zu dosieren und im geeigneten Moment zu platzieren. In diesem Fall können sich Sprüche und Aphorismen im therapeutischen Prozess als hilfreich erweisen. Aphorismen können Situationen präzise auf den Punkt bringen, in denen man andernfalls womöglich sehr lange braucht, um des Pudels Kern zu erkennen. Die Ausbildungskandidat*innen müssen selbst entscheiden, ob sie mit Sprüchen und Aphorismen arbeiten möchten und ob sie dies auch können. Unsere Aphorismensammlung aus Kapitel 15 soll lediglich ein Angebot sein. Im folgenden Rollenspiel wird die Verwendung eines passenden Aphorismus noch einmal vorgestellt. Das Rollenspiel ist jedoch lediglich ein Beispiel, die Teilnehmer*innen des Workshops können ihre eigenen Fallberichte einbringen.

> ◈ **Rollenspiel**
>
> Ein »Patient« berichtet dem »Therapeuten« von seinem Ehrgeiz und seinen Plänen. Er hat sich in den letzten Jahren leider übernommen, möchte aber noch an seinen Zielen festhalten. Der Patient muss nun aber darin unterstützt werden, seine Einstellung und seine Ziele zu ändern. Der Therapeut fragt den Patienten, ob er damit einverstanden sei, wenn ein Aphorismus, der seine Situation auf

den Punkt bringt, zitiert wird. Der Patient willigt ein. Der Therapeut bietet daraufhin folgenden Aphorismus an: »Der Unterschied zwischen Theorie und Praxis ist in der Praxis größer als in der Theorie.« Damit erkennt der Patient, dass er seine Theorien nicht ohne die Widrigkeiten der Praxis leben kann.

Im Rollenspiel wird dieser Aphorismus nun unterschiedlich intoniert. Es wird also mit der Prosodie der Stimme experimentiert. So kann z. B. eine Pause gemacht werden nach der ersten Erwähnung von *Praxis:* »Der Unterschied zwischen Theorie und Praxis [ ] ist in der Praxis größer als in der Theorie.« Oder es kann der »Unterschied« betont werden oder »in der Praxis größer« usw. Die Teilnehmer*innen des Workshops werden eingeladen, mit diesem Aphorismus stimmlich kreativ zu spielen. Das Kriterium für die Kreativität besteht im Feedback der Teilnehmer*innen und des Moderators beim Workshop.

Skala zur Stimme beim Gebrauch von Sprüchen und Aphorismen

Ich kann Sprüche und Aphorismen stimmlich
passend in der Therapie einbringen.   0 1 2 3 4

16.26 Skala zur Kongruenz der vier Kanäle: Prosodie der Stimme, Mimik, Inhalt der Intervention und Körperhaltung des Therapeuten

In Kapitel 8 habe ich das aussagekräftige Experiment von Regenbogen et al. (2012) vorgestellt und das Hauptergebnis referiert, dass sich die Versuchspersonen umso besser in die Schauspieler einfühlen konnten, je »kongruenter« die drei Kanäle Mimik, Prosodie und Inhalt der Geschichten mit den gezeigten Gefühlen übereinstimmten. Zwar ist der Fokus dieses Buches auf den Kanal Stimme gelegt, dennoch dürfen wir die anderen Kanäle nicht komplett vernachlässigen. Letztendlich entfaltet sich die Wirkung der Stimme nur im Ensemble aller anderen Kanäle. Ich erweitere die drei Kanäle von Regenbogen und seinen Kollegen noch um den Kanal Körperhaltung. Videoaufnahmen wären optimal, um die hochkomplexen Prozesse der »Kongruenz« zwischen den vier Kanälen abbilden zu können. Möchte ein Teilnehmer jedoch keine Videoaufnahmen von sich machen lassen, was manchmal vorkommt, so reicht ein Feedback von den Kolleg*innen im Workshop aus, um erste Erfahrungen mit den Übungen zu machen. Es geht bei den folgenden Rollenspielen nicht um perfekte Umsetzungen, sondern um Spürangebote für die Selbsterfahrung und für die Supervision. Manchmal kann es schon ein produktives Feedback sein, dem Protagonisten zu sagen: »Ihre unsichere Stimme hat sich in ihrer zusammengesackten Körperhaltung deutlich abgebildet.« Hinsichtlich der Kongruenz sei betont, dass diese immer mit einer gewissen Schwankungsbreite zu betrachten ist. Eine »vollständige Kongruenz« zwischen den oben beschriebenen Kanälen gibt es nicht, jedoch eine Übereinstimmung in dem Sinn, dass ein Kanal den anderen Kanälen nicht offensichtlich widerspricht. Zu jeder Übung kann ein Beispiel gegeben werden. Folgende Reihenfolge schlage ich aus didaktischen Gründen vor:

◈ **Übung** *zu Prosodie und Mimik*

Sie sprechen mit einem Patienten: Bitte richten Sie für einen Moment Ihre Aufmerksamkeit auf die zwei Kanäle Prosodie und Mimik. Spüren Sie bitte, inwieweit diese zwei Kanäle übereinstimmen. Beispiel: Sie sprechen mit gedämpfter Stimme und ernster Miene zu einem depressiven Patienten: »Ich spüre, dass dieser Verlust Sie schwer getroffen hat.«

◈ **Übung** *zu Prosodie, Mimik und Inhalt der Intervention*

Sie sprechen mit einem Patienten: Bitte richten Sie für einen Moment Ihre Aufmerksamkeit auf die drei Kanäle Prosodie, Mimik und Inhalt der Intervention. Spüren Sie bitte, inwieweit diese drei Kanäle mehr oder weniger übereinstimmen. Beispiel: Sie sprechen mit etwas lauterer Stimme und lächelnder Miene bei einer Ressourcenaktivierung zu einem Patienten: »Versuchen Sie einmal, diese Situation zu entdramatisieren, indem Sie eine andere Perspektive einnehmen!«

◈ **Übung** *zu Prosodie, Mimik, Inhalt der Intervention und Körperhaltung*

Sie sprechen mit einer etwas strengeren Stimme und fokussierendem Blick bei einer Konfrontation mit einem narzisstischen Patienten, der eine aufrechte, leicht nach vorne gebeugte Körperhaltung aufweist: »Kann es sein, dass Sie durch Ihr abwertendes Verhalten Ihre Entlassung aus der Klinik provozieren wollen und wir dann für Sie die Bösen sind? So wir Ihre Arbeitskollegen für Sie immer nur die Bösen sind und Sie bei Ihrem Verhalten keine kritischen Aspekte sehen?« Bitte richten Sie für einen Moment Ihre Aufmerksamkeit gleichzeitig auf die vier Kanäle: Stimme, Mimik, Inhalt Ihrer Intervention und Körperhaltung. Spüren Sie bitte nach, inwieweit diese vier Kanäle »übereinstimmen«.

Ziel der Supervision ist, die vier Kanäle »möglichst kongruent« zu halten, wobei »Kongruenz« schon ein hoher Anspruch bedeuten kann. Dennoch halten wir diese Übung bei aller Komplexität didaktisch für sinnvoll. Es geht nicht darum, die »Kongruenz« dieser vier Kanäle perfekt umzusetzen – was ein ignoranter Ansatz wäre. Es geht aber darum, die Ausbildungskandidat*innen in der Selbsterfahrung und der Supervision der Stimme auf dieses Phänomen der Kongruenz der vier Kanäle zu sensibilisieren. An diesem Ziel soll schon festgehalten werden. Es hat psychotherapeutisch wenig Sinn, einem Depressiven mit strenger Stimme gegenüberzutreten oder einem Narzissten mit einer brüchig-ängstlich-unsicheren Stimme. Für diese Übungen sind Videoaufnahmen sehr zu empfehlen. Ich setze übrigens »Kongruenz« hier bewusst in Anführungszeichen, um der Komplexität dieser psychologischen Zusammenhänge Tribut zu zollen.

> Skala zur »Kongruenz« der vier Kanäle: Prosodie der Stimme, Mimik, Inhalt der Intervention und Körperhaltung der Therapeut*innen
>
> Ich habe ein Gefühl für die »Kongruenz« der vier Kanäle: Prosodie meiner Stimme, Mimik, Inhalt der Intervention und meine Körperhaltung.   0 1 2 3 4

16.27 Skala zur Bewertung der Stimme als Wirkfaktor in der Psychotherapie

Die Forschung hat sich intensiv mit der Frage beschäftigt, welche Faktoren in der Psychotherapie wirken. Grawe (1998) hat fünf Wirkfaktoren gefunden, die es zu berücksichtigen gilt, damit eine Therapie erfolgreich ist: die Beziehungsgestaltung, Ressourcenaktivierung, Motivklärung, Problemaktualisierung und Problembewältigung.

Zwar gilt die allgemeine Regel: Therapeut*innen sollen möglichst neutral sein. Aber jede Neutralität hat immer auch eine persönliche Komponente. Neutralität ist ein sehr vielschichtiger Begriff, der im Rahmen der einzelnen Theorien definiert ist. Kernberg versteht unter Neutralität nicht, dass man gegenüber dem Patienten indifferent ist, sondern, dass der Therapeut sich zu den einzelnen psychischen Instanzen wie Es, Ich, Über-Ich, Ideal-Selbst, Real-Selbst usw. »neutral« zu verhalten habe. Aber auch bei Kernberg können wir unterschiedliche Präferenzen der Analytiker beobachten: Ein Analytiker fühlt sich eher der Über-Ich-Analyse verpflichtet, der andere Analytiker der Ich-Analyse, ein weiterer Analytiker in erster Linie der Ideal-Selbst-Analyse usw. Eine strenge Prozentaufteilung à la 20 % Es-Analyse, 20 % Über-Ich-Analyse, 30 % Ideal-Selbst-Analyse usw. wird es nicht geben. Insofern kann man bei diesem Beispiel die »Neutralität« in Anführungszeichen setzen. Kehren wir zurück zu Grawe: Gemäß seiner Vorstellung werden sich die Therapeut*innen in ihren Vorlieben und auch in ihren Talenten bei der Stimulierung der fünf Wirkfaktoren unterscheiden. Dass jeder Wirkfaktor exakt zum gleichen Prozentsatz berücksichtigt wird, ist unwahrscheinlich. Wie sollte diese Haltung auch gemessen werden? Ein Therapeut neigt eher zur Ressourcenaktivierung, der andere eher zur Motivklärung usw.

Wir wollen uns in diesem Kapitel aus der Perspektive der Selbsterfahrung die Frage stellen, welche Rolle die Psychotherapeut*innen einnehmen. Sie können sich in folgenden Rollen sehen: als Wegweiser, Bergführer, Pädagoge oder Kriminalist, der die »Wahrheit« finden möchte, als Wissenschaftler, der lediglich Therapeut ist, um seine Theorien zu entwickeln (Freud), als Rächer (oft unbewusst) für die Patienten, die zu Opfern geworden sind, als Priester, als »heroischer« Kämpfer, der die Welt vom Leiden heilen will, als Hebamme, als »Wounded Healer«, der seine eigene Verletzung nun in die produktive Rolle des Therapeuten sublimiert hat, oder als Online-Therapeut, der mit der Allmacht der schnellen Maschinen heilt? (vgl. Schattenburg, 2018a).

Diese zwei Ansätze, nämlich die fünf Wirkfaktoren nach Grawe und meine Überlegungen zur Rolle der Psychotherapeut*innen, ergänzen wir durch die Betrachtung der Stimme. Die Frage für die Selbsterfahrung lautet nun: »Welche Bedeutung gebe ich meiner Stimme als Wirkfaktor im therapeutischen Prozess?« Tiggeler (2016, S. 8) spricht zu Recht vom *Wirkverstärker* der Stimme. Hat die Stimme einen ebenso spezifischen Anteil an der Therapiewirkung wie die Berücksichtigung der Ressourcenaktivierung, die Beziehungsgestaltung oder meine Therapeutenrolle als Wegweiser, Hebamme oder »Wounded Healer«? Die Teilnehmer*innen werden gebeten, in sich hinein zu spüren, welche Rolle sie welchen Wirkfaktoren geben und dabei konkret ihrer Stimme zusprechen würden. Diese Fragen sind für die Selbsterfahrung innerhalb der psychotherapeutischen Ausbildung nach meinem Überblick völlig neu. Frage ich einen Sänger, welche Bedeutung er seiner Stimme gibt, ist die Antwort eindeutig. Udo Jürgens gibt die Antwort in seinem sozialkritischen Lied »Die Welt braucht Lieder« folgendermaßen: »Deine Stimme erheben und singen – gegen die Schwerkraft der Melancholie.« Frage ich hingegen Psychotherapeut*innen, welchen Stellenwert sie ihrer Stimme als Wirkfaktor geben, fällt die Antwort eher dünn aus. Beispiel: Sollte ein Online-Therapeut seine Aufgabe darin sehen, den Patienten vor einen Computer zu setzen, ihm die Programmbefehle zu erklären, mit denen er dann selbst fortfahren kann, müsste er die Rolle seiner Stimme eher kleiner bewerten als ein verkörperter Therapeut, der dem Patienten in seiner Praxis vis-à-vis 50 Minuten gegenübersitzt. Ich möchte betonen, dass es sich bei der folgenden Skala nicht um eine Bewertung bezüglich der Bedeutsamkeit anderer Wirkfaktoren handelt, sondern um eine höchst subjektive Selbsteinschätzung, die aber im Rahmen einer Selbsterfahrung und Supervision produktiv aufgenommen werden kann.

> **Skala zur Bewertung der Stimme als Wirkfaktor in der Psychotherapie**
>
> Meine Stimme als Wirkfaktor innerhalb der
> Psychotherapie bewerte ich mit: 0 1 2 3 4

16.28 Skala zu Stimme des Patienten und Selbstfürsorge des Therapeuten

Im Folgenden wollen wir uns der Selbstfürsorge der Therapeut*innen widmen (Schattenburg, 2018a). Überblicken wir die Literatur zu diesem Thema, so gilt auch hier die Beobachtung, die wir schon im Kapitel 2 gemacht haben: Die Stimme kommt nicht vor (vgl. etwa Hoffmann u. Hofmann, 2012; Rothschild, 2006). Nachdem wir uns schwerpunktmäßig auf die Stimme der Therapeut*innen konzentriert haben, nehmen wir in diesem Kapitel einmal die Stimme der Patient*innen stärker in den Fokus. Therapeut*innen haben es mit einer breit gefächerten Prosodie der Stimme von Patient*innen zu tun: jammernd, weinend, anklagend, laut, leise, schreiend, schweigend, intonierend, schnell, langsam, brüchig, nuschelnd, tief, hell, kurzatmig, abgehackt, monoton, undeutlich, hektisch, piepsig usw. Es gibt oft Situationen, in denen sich die Therapeut*innen durch die Stimmenprosodie der Patient*innen überfordert fühlen. In diesem Kontext empfehlen wir für die Selbstfürsorge folgende Übungen: Wir drehen – in Anlehnung an ein Radio – bei einem Patienten vorübergehend gedanklich den Ton der Stimme leiser. Diese Übung soll nur für einen überschaubaren Zeitraum innerhalb einer Therapiestunde andauern und dabei helfen, die Abgrenzung vom Patienten zu bewirken und somit die Kraft des Therapeuten zu stärken. Wir wollen etwas für unsere Selbstfürsorge tun, so dass wir nicht jeden Abend erschöpft nach Hause gehen. Diese Übung benötigt nach meiner Erfahrung intensives Training, weil es sich dabei um eine Vorstellung handelt, die in einer lebendigen, verkörperten Situation mit einem Patienten durchgeführt werden soll. Im Rahmen eines Workshops lässt sich die Übung bestens in ein Rollenspiel integrieren.

> ### ◈ Rollenspiel
>
> Ein(e) Workshop-Teilnehmer*in spielt einen narzisstisch gestörten »Patienten«, der den »Therapeuten«, gespielt von einem/einer andere(n) Teilnehmer*in, anschreit und permanent abwertet. Der Therapeut versucht nun, für eine überschaubare Sequenz innerhalb des Gespräches den Ton der Stimme des Patienten in seiner Wahrnehmung »leiser zu drehen«. Dabei hilft es, sich nur auf die Lippen des Patienten zu konzentrieren oder ihn sich visuell etwas kleiner vorstellen.

> **Skala zu Stimme des Patienten und Selbstfürsorge des Therapeuten**
> Ich kann die Stimme eines Patienten für die
> Selbstfürsorge kurz »leiser stellen«. 0 1 2 3 4

16.29 Skala zur digitalen Identität des Therapeuten

Im Kapitel 10 habe ich beschrieben, wie die Digitalisierung und Onlinisierung die Identität der Therapeut*innen verändern kann. Bei meinen Workshops überschneiden sich Selbsterfahrungs- und

Supervisionsaspekte. Der Unterschied zwischen Selbsterfahrung und Supervision liegt darin, dass Selbsterfahrung möglichst »neutral« durchgeführt werden sollte. Die Supervision wiederum sollte zwar ebenfalls neutral durchgeführt werden, enthält aber darüber hinaus theoretische Anregungen, wie man z. B. eine Intervention so oder so machen könnte bzw. sogar sollte – etwa Interventionen in einer Krisensituation.

Im Folgenden lade ich dazu ein, den Fokus schwerpunktmäßig auf Selbsterfahrungsaspekte im Zusammenhang mit der Stimme zu legen. Die Ausbildungskandidat*innen müssen sich ihrer Identitätsbildung stellen und dazu gehört heute die Frage, in welchem Ausmaß sie digital arbeiten wollen. Diese Frage hat sich vor zehn Jahren in der aktuellen Brisanz noch gar nicht gestellt. Daher habe ich dieses Thema in unsere Selbsterfahrung und Supervision der Stimme mit hineingenommen. Zum Schluss eines Workshops können sich daher die Teilnehmer*innen noch einmal vergewissern, wo sie gerade mit ihrer Identität stehen, nachdem der Schwerpunkt meiner Workshops auf dem Sprechen und der Stimme liegt. Einige junge Nachwuchstalente werden sich auch als Online-Therapeut*innen fühlen. Diese stehen den verkörperten Therapeut*innen gegenüber, die mit ihrer Stimme als Person direkt mit den Patient*innen sprechen und arbeiten. Dies bedeutet aber nicht, dass komplett auf technische Unterstützung verzichtet werden muss. So kann der Patient außerhalb der Therapie heutzutage vielerorts durch eine App oder durch eine PC-basierte Selbstbeobachtung unterstützt werden. Der/Die digitale oder Online-Therapeut*in definiert sich in diesem Buch so, dass er/sie vorrangig die neuen Medien bei der Behandlung der Patienten nutzt (Internet, Skype, Roboter usw.).

Die Teilnehmer*innen werden am Ende des Workshops gebeten, folgende Skala auszufüllen – die Ergebnisse daraus werden diskutiert. »Jeder möge nach seiner Façon glücklich werden« heißt es so schön. Uns geht es um einen Selbsterfahrungsaspekt dahingehend, dass ich mir meiner Identität – zumindest meiner momentanen – bewusster werde, um damit die Auswirkungen auf meinen therapeutischen Alltag und die Interventionen besser abschätzen zu können und entsprechend meine Weiterbildung und Kooperationspartner*innen auswählen kann. Es geht nicht um eine rigide, zwanghafte Identität, die in Stein gemeißelt ist, sondern um eine aktuelle Identität, die unabdingbar ist für die Bewältigung des fordernden beruflichen Alltages. Die Skalenwerte 0 für digital und 4 für verkörperter Therapeut sind auf keinen Fall wertend gemeint. Man kann die Zuweisung auch umkehren: 4 für digital und 0 für verkörperter Therapeut.

> **Skala zur digitalen Identität der Therapeut*innen**
>
> Ich verstehe mich als digitaler (0) oder als verkörperter Therapeut (4).   0 1 2 3 4

16.30 Zusammenfassung der Ziele unserer Workshops

Theorie und praktische Übungen wechseln sich in meinen Workshops ab. Es gibt die Sorte, in denen die Teilnehmer*innen sehr aktiv sind und Kleingruppenarbeit machen. Diese Form wäre natürlich für das Training der Selbstwahrnehmung der Stimme optimal. Dann gibt es andere Workshops, in denen die Teilnehmer*innen etwas passiver oder auch ängstlicher sind gegenüber Selbsterfahrungsaspekten. In diesem Fall müssen die Leiter*innen selbst vermehrt Vorschläge für Rollenspiele machen und die Teilnehmer*innen mehr motivieren. Ausgangspunkt: Es gibt keine »richtige«, sondern nur eine passende, stimmige Prosodie der Stimme von Psychotherapeut*innen. Da ich selbst keine Schreitherapie durchführe, ist das Schreien nicht enthalten. Die Ziele meiner Workshops sind im Folgenden zusammengefasst, wobei die Reihenfolge innerhalb der Übersicht keine Priorisierung darstellt:

- Ich könnte zum Hören meiner eigenen Stimme meine Feedbackschleife zum Ohr trainieren.
- In der Situation X könnte ich auch langsamer sprechen.
- In der Situation X könnte ich auch ruhiger und tiefer sprechen.
- In der Situation X könnte ich mit meiner Stimme etwas härter auftreten.

- In der Situation X könnte ich meine Stimme mehr intonieren.
- In der Situation X könnte ich eine Pause beim Sprechen oder Intervenieren machen.
- In der Situation X kann ich den Patienten auch unterbrechen.
- In der Situation X könnte ich das Schweigen fördern.
- Ich habe zur Psychodynamik meiner Stimme einen besseren Zugang bekommen.
- In der Situation X mache ich mir die Abwehr meiner Stimme bewusst: Meine laute Stimme könnte beispielsweise eine Trauer unterbinden. Oder: Meine harte Stimme könnte auf eine Identifikation mit dem sadistischen Über-Ich eines Patienten verweisen.
- In der Situation X könnte ich auch lachen.
- In der Situation X könnte ich meine Stimme mehr intonieren.
- In der Situation X könnte ich vermehrt darauf achten, dass meine vier Kanäle (Prosodie der Stimme, Körperhaltung, Mimik und Inhalt der Interventionen) »kongruent« sind.
- Ich bin sensibilisiert auf die Stimme des Patienten. Ich kann den Patienten dabei unterstützen, mit seiner Stimme selbstbewusster zu werden. Oder ich kann dem Patienten anbieten, die toxische Stimme von anderen als Schallwellen umzudeuten, um diese zu neutralisieren.

Die Ziele meiner Workshops wollen wir wieder in einer Skala zusammenfassend auf einen Punkt bringen:

Skala zum Repertoire meiner Stimme
Ich verfüge stimmlich über ein breites Repertoire und kann dieses Repertoire flexibel an den Patienten und an das therapeutische Setting anpassen.   0 1 2 3 4

Im Folgenden fasse ich noch einmal alle erläuterten Skalen in einer Übersicht zusammen (Tabelle 11). Diese Skalen sollen dazu dienen, dass die Ausbildungskandidat*innen respektive die Kolleg*innen, die sich in der Fort- und Weiterbildung befinden, ihre

Selbsterfahrung mit der eigenen Stimme unterstützen können. Ferner können diese Skalen eine Hilfestellung sein für die Supervisor*innen, die mit ihren Supervisand*innen deren Stimme systematisch besprechen möchten. Mir ist vollkommen bewusst, dass die Auswahl dieser Skalen nicht »vollständig« ist, sie bietet aber eine anregende Orientierung. Bei der Auswertung der Skalen handelt es sich um eine Übersicht für die Selbsterfahrung und für die Supervision der Stimme; in keiner Weise sind damit normative Werte gemeint, die ansagen wollen, was »richtig« oder »falsch« ist. Eine derartige Ansage gibt es nicht. Diese Skalen sollen einfach dabei helfen, die Selbsterfahrung und den Austausch zwischen Supervisand*innen und Supervisor*innen zu systematisieren und fokussierte Diskussionen zu stimulieren.

Tabelle 11: Übersicht über die Skalen zu Selbsterfahrung und Supervision der Stimme

Ich nehme meine Stimme bewusst wahr.	0 1 2 3 4
Ich spüre, dass ich mit der Prosodie meiner Stimme ein Gefühl abwehren kann.	0 1 2 3 4
Ich spüre die Prosodie bei sich gegenseitig abwehrenden Objektbeziehungsdyaden.	0 1 2 3 4
Ich verfüge über rhetorische Fähigkeiten im therapeutischen Prozess.	0 1 2 3 4
Ich verfüge über eine angemessene Prosodie beim Einsatz rhetorischer Fähigkeiten.	0 1 2 3 4
Ich spüre, wie ich mit meiner Stimme Inhalte der Psychotherapie gut vermitteln kann.	0 1 2 3 4
Ich halte das Schweigen gut aus und kann es therapeutisch produktiv nutzen.	0 1 2 3 4
Ich spüre die Prosodie meines Lachens und kann diese ressourcenorientiert nutzen.	0 1 2 3 4

Ich habe ein gutes Gespür für Pausen und kann diese therapeutisch sinnvoll nutzen.	0 1 2 3 4
Ich kann Redepausen sozial angemessen und therapeutisch dosiert stimulieren.	0 1 2 3 4
Ich kann die Stimme der Patienten im GSK-Rollenspiel dosiert trainieren.	0 1 2 3 4
Ich kann den Patienten darin unterstützen, die Stimme eines anderen als Schallwellen umzudeuten, um sich von deren toxischer Wirkung zu distanzieren.	0 1 2 3 4
Ich spüre, dass meine Stimme zunächst einmal nur Schallwellen produziert.	0 1 2 3 4
Ich kann stimmlich asymmetrisch bei emotionaler Ansteckung reagieren.	0 1 2 3 4
Ich habe ein Gefühl für die »Kongruenz« der vier Kanäle: Prosodie meiner Stimme, Mimik, Inhalt der Intervention und meine Körperhaltung.	0 1 2 3 4
Ich kann Sprüche und Aphorismen stimmlich passend in der Therapie einbringen.	0 1 2 3 4
Meine Stimme als Wirkfaktor innerhalb der Psychotherapie bewerte ich mit:	0 1 2 3 4
Ich kann die Stimme eines Patienten für die Selbstfürsorge kurz »leiser stellen«.	0 1 2 3 4
Ich verstehe mich als digitaler (0) oder als verkörperter Therapeut (4).	0 1 2 3 4
Ich verfüge stimmlich über ein breites Repertoire und kann dieses Repertoire flexibel an den Patienten und an das therapeutische Setting anpassen.	0 1 2 3 4

Meine Workshops sind im Rahmen der Ausbildung von Kandidat*innen der Psychotherapie entstanden. Es sei aber betont, dass meine Vorschläge interdisziplinär genutzt werden können, also von allen, die stimmlich mit Klient*innen oder Patient*innen zu tun haben: sei es in der Medizin, pastoralen Seelsorge, Pflege, Beratung, Therapie oder im Coaching.

17 Ausblick für Forschung und Praxis

Mir ist vollkommen klar, dass alles, was ich in diesem Buch geschrieben habe, der weiteren empirischen Überprüfung und der Evaluation bedarf. Die Operationalisierung der Stimme für die Selbsterfahrung und die Supervision ist der hier ausführlich vorgestellte neue Ansatz. Ich möchte damit Denkanstöße geben für weitere Forschungen und für weitere Übungen bzw. Rollenspiele in Workshops, die auf das verkörperte Sprechen und die verkörperte Stimme von Therapeut*innen fokussieren. Neben den praktischen Überlegungen stehen mögliche weiterführende Forschungsfragen im Raum: Bei welcher Prosodie der Stimme gibt es welche Effekte bei dem/der Patient*in? Was passiert emotional in ihm/ihr, wenn ich als Therapeut*in mit meiner Stimme etwas härter oder etwas weicher auftrete? Welche Zusammenhänge gibt es zwischen der Stimme der Therapeut*innen, der Patient*innen und deren Symptomatik? Wie ist die Interaktion zu messen zwischen der Stimme des/der Therapeut*in und der Stimme des/der Patient*in? Wie ist die Gegenübertragung zu operationalisieren und ist die Prosodie der Stimme bei einer konkordanten und komplementären Gegenübertragung vorhersagbar? Wie können die phonologischen Parameter der Prosodie der Stimme eines/einer Therapeut*in präziser gemessen werden? Diese letzte phonologische Fragestellung haben wir im vorliegenden Buch leider vernachlässigt. Ferner können meine operationalisierten Skalen mit anderen Variablen verrechnet werden. Folgende Hypothesen sind aufstellbar: Je höher die Werte in Tabelle 11 mit den Skalen zur Selbsterfahrung und Supervision der Stimme, desto besser das therapeutische Resultat? Je höher diese Werte in Tabelle 11, desto besser fühlen sich die Therapeut*innen in kritischen therapeutischen Situationen? Um all diese Fragen wissenschaftlich fundiert anzupacken, bräuchte es ein gut ausgestattetes Forschungslabor mit den entsprechenden technischen Möglichkeiten, also psychologischen Messinstrumenten und phonologischen Messgeräten, und dem entsprechenden Personal. Die Erforschung der Zusammenhänge zwischen der Prosodie der Stimme, dem Inhalt der Interventionen, der Mimik und der Körperhaltung dürfte eine Herausforderung sein für die wissenschaftlich arbeitenden Psycholog*innen im Rahmen der Operationalisierungserfordernisse.

Die vergleichende Psychotherapieforschung könnte die Stimme intensiver untersuchen. Gibt es Gemeinsamkeiten oder Unterschiede zwischen den Therapieschulen respektive -akzentuierungen in der Verhaltenstherapie, Psychoanalyse, Selbstpsychologie, Tiefenpsychologie, systemischen Therapie, integrativen Psychotherapie, existenziellen Psychotherapie usw.? Wird in der Psychoanalyse heute noch monoton-gleichförmig gesprochen oder war dies nur ein theoretischer Mythos, der mit der Praxis nichts zu tun hatte? Wird der Stimme eine unterschiedliche Bedeutung in den Therapieschulen beigemessen? In der VT soll die Stimme kräftiger sein, in der Selbstpsychologie müsste sich bei der Betonung der Empathie die Prosodie der Stimme abbilden lassen – ebenso in der Objektbeziehungstheorie, in der mehr mit konfrontativen Deutungen gearbeitet wird. In Letzterer wäre weiterhin von Bedeutung, inwieweit der Stimme der Status eines Introjektes zukommt. Wie sich die Stimme in einem bilingualen psychotherapeutischen Ansatz abbilden lassen könnte, wäre ein interessanter Forschungsansatz. Die bilinguale Methode in der Psychotherapie versucht, Konzepte der VT in die Konzepte der Psychoanalyse und Tiefenpsychologie zu übersetzen und vice versa. Eingedenk des Umstandes, dass es eine 100 %ige Übersetzung nicht gibt, zeigen sich aber deutliche Überschneidungen – etwa zwischen dem Konzept der Übertragung in der Psychoanalyse/Tiefenpsychologie und dem der Generalisierung in der VT oder zwischen den Konflikten in der OPD und den dysfunktionalen Oberplänen in der VT (vgl. Schattenburg, 2007).

Es gibt bis dato keine Vergleichsuntersuchung von Psychotherapeut*innen mit und ohne Stimmtraining. Bei der Sprechstimme wird aber in jedem Fall zwischen einer trainierten/ausgebildeten und einer untrainierten/laienhaften Stimme unterschieden (Schneider-Stickler u. Bigenzahn, 2013).

Ferner ist die Stimme der Therapeut*innen aus der Sicht der Patient*innen bislang bescheiden untersucht. Wie erleben die Patient*innen die Stimme des Gegenübers im Prozess der Therapie: schwankend, abhängig von Situationen, durchgehend warmfreundlich, warm-beruhigend, warm-fordernd? In welcher Sequenz der Therapie werden durch die Prosodie der Stimme Übertragungen ausgelöst? Gibt es Zusammenhänge zwischen der Stimmenprosodie des/der Therapeut*in und den internalisierten Objekten der Patient*innen? In diesem Zusammenhang wäre es interessant, die Bedeutung der Stimme bei der Telefonseelsorge oder einer psychologischen (hauptsächlich telefonisch arbeitenden) Beratungsstelle zu untersuchen. In diesen Situationen sind die Kanäle Gestik, Mimik und Körperhaltung ausgeschaltet – wodurch die Stimme stärker in den Fokus rückt.

Es gibt interessante Kasuistiken, die die Bedeutung der Stimme zeigen. In jeder Kasuistik ist jedoch die Stimme vom Zustand des/der Therapeut*in und des/der Patient*in, vor allem aber von deren Strukturniveau und von der Situation abhängig. In einer Situation X ist eine harte Stimme gut, auch Schreien könnte eventuell hilfreich sein; in einer alternativen Situation Y wäre aber eine harte Stimme oder Schreien vollkommen fehl am Platz.

Der Therapieprozess verläuft zyklisch, ruhige Phasen wechseln sich ab mit intensiveren Phasen. Auf Phasen, in denen sich Therapeut*in und Patient*in ausruhen, folgen Phasen, in denen sich Therapeut*in und Patient*in den dynamischen Kräften der psychischen Störung stellen müssen. In diesem Kontext wären Langzeitstudien (mit Computer oder Video aufgenommen) zur Fragestellung interessant, ob über die Stimme Spitzenaffekte identifiziert werden können. So könnte seitens des Patienten eine hohe, laute Stimme oder eine tiefe, langsame Stimme auf Spitzenaffekte verweisen. Komplexer wird diese Hypothese dadurch, dass Spitzenaffekte vorhanden sind, jedoch vom Patienten emotional isoliert und durch Somatisierung oder Dissoziation abgespalten werden können. Dazu bräuchte man differenzierte Mimikanalysen mit Videounterstützung.

In der von mir referierten Literatur ist oft von der *Prosodie der Stimme* die Rede. Diese Formulierung könnte in *Prosodieprofile* und *Prosodieverläufe* ausdifferenziert und mit vielen anderen Variablen verrechnet werden – beispielsweise mit biologischen Parametern (Hormonen) und Persönlichkeitseigenschaften. Beispiel für ein Prosodieprofil: Eine Stimme kann kalt/interessiert/zugewandt sein oder kalt/abwertend/distanziert. Es sei noch einmal an den oben zitierten Watzlawick erinnert, der zwischen einem Beziehungs- und einem Inhaltsaspekt unterscheidet. So kann ich eine Person stimmlich auf der Beziehungsebene von mir distanzieren. Die Distanz darf aber nicht zu groß sein, weil ich an seinen Inhalten interessiert bin. Diese Gratwanderung zwischen Distanz zur Person und Interesse an den Inhalten wird sich im komplexen Prosodieprofil abbilden lassen. Beispiel für einen Prosodieverlauf: Ich kann bei einem Satz, der aus drei Teilen besteht, die Teile unterschiedlich intonieren und durch Pausen unterschiedlich voneinander absetzen.

18 Fazit

In diesem Buch ging es darum, sich die Bedeutung des Sprechens und der Stimme – und zwar einer *verkörperten Stimme* – in der Psychotherapie zu vergegenwärtigen. Ich darf dazu einladen, die Stimme zu erheben für ihren bewussten Einsatz und ihre fortwährende Pflege. Gerade in dem Hype einer digitalisierten Gesellschaft mit Dr. Google, E-Mental-Health und Digital Health darf das Training des Sprechens und der Stimme im Studium sowie in der Aus-, Fort- und Weiterbildung nicht vergessen werden. Dass wir in 2020 wegen der Corona-Krise alle mit Masken herumlaufen, die das Sprechen und Hören behindern, widerspricht nicht diesem Wunsch. Dieses Vergessen würde einen großen Verlust für die Psychotherapie bedeuten. In den einschlägigen Lehrbüchern zur Psychotherapie wird die Stimme leider beschwiegen. Als Autor dieses Buches verteidige ich eine sprechende Psychotherapie im persönlichen Kontakt, also in einer persönlichen Begegnung. Dieser Wunsch hat nichts mit poetischer Romantik zu tun, sondern mit der Ethik einer sprachlich fundierten Psychotherapie. Eine Psychotherapie, in der die Stimme abgeschafft und nur noch über Geräte, Computer, YouTube, Roboter und Skype miteinander kommuniziert wird, ist problematisch. Die subtile Psychodynamik der Prosodie der Stimme, auf die ich in diesem Buch ausführlich eingegangen bin, zeigt sich nur im persönlichen und lebendigen, verkörperten Kontakt. Forschungen ergeben, dass mehr Oxytocin ausgeschüttet wird, wenn wir mit einer geliebten Person direkt sprechen, als wenn wir nur mit ihr chatten. Dies leuchtet sicher jedem mit gesundem Menschenverstand sofort ein. Sehen wir die Digitalisierung einmal nur von der positiven Seite, dann sollte sie uns mehr Zeit zum Zuhören geben im therapeutischen Alltag. Ob dies aber nicht nur ein frommer Wunsch ist, sondern auch der Realität entspricht, bedarf der Überprüfung in den Kliniken und Praxen. Ansonsten besteht die Gefahr, dass durch eine solche »Hintertür« die Stellen von Psychotherapeut*innen reduziert werden, weil deren Aufgaben sukzessive durch Computer »übernommen« werden können, was kostengünstiger wäre.

Gleichzeitig würdigen wir die neuen technischen Möglichkeiten. Dass in Zeiten einer Epidemie oder Pandemie (wie durch den Corona-Virus im Jahr 2020) alle technischen Möglichkeiten, die die Digitalisierung im Gesundheitswesen bietet, zum Einsatz kommen müssen, versteht sich von selbst. Kommen wir wieder zurück zur Stimme: Mit Hilfe der künstlichen Intelligenz unter der Bearbeitung von Big Data werden bessere psychotherapeutische Verlaufsanalysen mit der Stimme ermöglicht, Video- und PC-gestützte Sprachaufnahmen werden besser analysiert und die noch ungeklärten Zusammenhänge zwischen Stimme und Mimik können aussagekräftiger untersucht werden. Vorhersagen von Scheidungen aufgrund des Stimmverhaltens in einer Ehe, die Diagnostik von Persönlichkeitseigenschaften und das Umkippen von einer depressiven in eine manische Phase können anhand der Stimmanalyse möglich werden. Dies dürften willkommene Forschungsergebnisse sein, die in der Praxis zu effektiven psychotherapeuten Interventionen führen können. Aktuell sehen wir uns mit einem Spagat konfrontiert zwischen der Förderung der Stimme in der Praxis bzw. Ausbildung auf der einen Seite und der Förderung der Forschung bzw. der Supervision mit Hilfe einer ausgefeilten Technik auf der anderen Seite. Sich in diesem Spagat unideologisch und informiert zu bewegen ist eine große Herausforderung. Daher lautet meine generelle Empfehlung: *In der psychotherapeutischen Praxis so viel Sprechen und Stimme wie möglich und in der Forschung so viel Technik wie nötig.* Oder mit den (ebenfalls treffenden) Worten der Psychologin Sherry Turkle: »So, my argument is not anti-technology. It's pro-conversation« (2015, S. 25).

Außer mit der Reflexion der zukünftigen technischen Möglichkeiten beschäftigt sich dieses Buch mit einer Phänomenologie der Stimme im Kontext von Sprechen, Hören, Schweigen, Schreien, Lachen und Weinen – und sensibilisiert dabei unsere Aufmerksamkeit für die Prosodie der Stimme. Wir arbeiten in diesem Buch heraus, dass es nicht nur *eine Prosodie der Stimme* gibt, sondern auch eine

Prosodie des Schweigens, Schreiens, Hörens und Weinens. Diese Prosodieaspekte erschließen sich letztendlich nur aus dem Kontext von Mimik, Gestik und Körperhaltung. Weil ich zur Reduktion der Komplexität gezwungen bin, habe ich mich schwerpunktmäßig auf das Sprechen und die Stimme der Psychotherapeut*innen konzentriert, wobei die Stimme der Patient*innen auch Berücksichtigung fand.

Ich habe eine kurze Zusammenfassung der aktuellen psychologischen Stimmforschung gegeben, die sich aufgrund des oben geschilderten technischen Fortschritts in rasanter Entwicklung befindet. Kasuistiken aus der Einzel-, Paar- und Gruppentherapie zeigen die Bedeutsamkeit der Stimme. Aufgrund meiner fachlichen Spezialisierung führe ich in diesem Buch Kasuistiken aus der integrativ orientierten Gruppenpsychotherapie, Objektbeziehungs- und Attributionstheorie sowie dem GSK auf. Viele andere Beispiele sind denkbar – in Abhängigkeit von den Vorlieben und der Ausbildung der Interessenten. Mein Ansatz ist daher schulenunabhängig.

Soweit es unsere empirische Datenlage erlaubt, werden Empfehlungen des Stimmeinsatzes für bestimmte Interventionen gegeben – wobei diese Empfehlungen nur ganz grob sein können. Zu komplex sind die Interaktionen zwischen Situations- und Patientenmerkmalen. Beispielsweise wird anhand des Unterschiedes von konkordanter und komplementärer Gegenübertragung gezeigt, wie ein und derselbe Satz vollkommen verschieden intoniert werden kann. Ich habe dieses Buch aus der Praxis heraus geschrieben, mir stand kein elaboriertes Forschungslabor mit entsprechend ausgebildetem Personal zur Verfügung.

Apropos Praxis: Ausgangspunkte dieses Buches sind meine Erfahrung als Supervisor/Lehrtherapeut und die damit einhergehende Erkenntnis, dass die Stimme in der Selbsterfahrung und der Supervision von Ausbildungsteilnehmer*innen spürbar unter den Tisch fällt. So war es nur konsequent – nach Sichtung der wissenschaftlichen Literatur –, einen Workshop zu entwickeln, um diese Lücke zu füllen. Die Inhalte dieses Workshops sind im Buch dargestellt, ergänzt um weitere Beispiele aus der Buchentstehung. Ein von mir entwickelter Leitfaden für die Supervision der Stimme von Psychotherapeut*innen, die praktischen Übungen zur Selbstwahrnehmung und Selbstbewertung der eigenen Stimme, die hilfreichen Sprechübungen mit VoceVista Video, die vorgeschlagenen Rollenspiele sowie die anschaulichen Skalen zur Selbsterfahrung und Supervision der Stimme mögen einen Beitrag leisten zur praktischen Supervision, aber auch – bei entsprechendem Interesse und apparativer Ausstattung – zur wissenschaftlichen Erforschung der Selbsterfahrung und der Supervision. Meine Vorschläge gelten nicht nur für Workshops, sondern können (individuell und kreativ angepasst) auch für Einzelstunden in der Selbsterfahrung und der Supervision verwendet werden.

Lernziele eines von mir vorgeschlagenen Workshops oder von Einzelstunden in der Selbsterfahrung und in der Supervision können sein: das Training der basalen Wahrnehmung der eigenen Stimme und die Sensibilisierung auf die Prosodie der Stimme in der Psychotherapie. Die Teilnehmer*innen werden dazu eingeladen, das *Prosodierepertoire* ihrer eigenen Stimme zu reflektieren und zu erweitern, um dieses angemessen flexibel einsetzen zu können. Ferner sollen die Teilnehmer*innen auch darin unterstützt werden, die Stimme für ihre Selbstfürsorge zu berücksichtigen. Ich möchte mein Buch zum Schluss auf den Punkt bringen: Das Sprechen und die Prosodie der Stimme können in der Psychotherapie u. a. empathisch, beelternd, mögend, unängstlich, stimmig, fordernd, tröstend, plausibel, warm, kalt, intonierend, günstig und sozial angemessen sein – eine pauschal »richtige« Stimme gibt es in der Psychotherapie nicht.

Literatur

Adametz, A. (2016). Erkennt man den Bindungsstil an der Stimme? Eine empirische Studie zu paraverbalen Merkmalen von Bindungstypen während des Adult-Attachment-Interviews. Unveröffentlichte Masterarbeit an der Universität Jena. Institut für Psychosoziale Medizin und Psychotherapie.

Allen, J. G., Onay, P., Ataman, A. W. (2016). Mentalisieren in der psychotherapeutischen Praxis. Stuttgart: Klett-Cotta.

Altenmüller, E. (2018). Vom Neandertal in die Philharmonie. Warum der Mensch ohne Musik nicht leben kann. Berlin, Heidelberg: Springer.

Altenmüller, E., Schmidt, S., Zimmermann, E. (Eds.) (2013). Evolution of emotional communication. From sounds in nonhuman mammals to speech and music in man. Oxford: Oxford University Press.

An, G., Levitan, S., Levitan, R., Rosenberg, A., Levine, M., Hirschberg, J. (2016). Automatically classifying self-rated personality scores from speech. DOI: 10.21437/Interspeech.2016-1328.

Arbeitskreis OPD (2006). Operationalisierte Psychodynamische Diagnostik OPD-2. Das Manual für Diagnostik und Therapieplanung. Bern: Huber.

Augsburger Allgemeine (2018). Immer mehr Schweden lassen sich Mikrochips einpflanzen. 30.05.2018.

Behrendt, J.-E. (2018). Die Welt ist Klang – Vom Hören der Welt – Muscheln in meinem Ohr. MPD-CD. Müllheim, Baden: Auditorium Netzwerk.

Blanck, P. D., Rosenthal, R., Vannicelli, M. (1986). Talking to and about patients: The therapeutic's tone of voice. In P. D. Blanck, R. Buck, R. Rosenthal (Eds.), Nonverbal communication in the clinical context. University Park and London: The Pennsylvania State University Press.

Boothe, B. (2011). Das Narrativ. Biografisches Erzählen im psychotherapeutischen Prozess. Stuttgart: Schattauer.

Bossinger, W. (2005). Die heilende Kraft des Singens. Von den Ursprüngen bis zu modernen Erkenntnissen über die soziale und gesundheitsfördernde Wirkung von Gesang. Norderstedt: Books on Demand GmbH.

Buchholz, M. B. (2017). Wie man den Tanz der Einsicht zwischen Couch und Sessel untersuchen kann. In: S. Leikert, A. Niebuhr (Hrsg.), Von der Musik zur Sprache und wieder zurück (S. 15–42). Gießen: Psychosozial-Verlag.

Caligor, E., Kernberg, O., Clarkin, J. (2010). Übertragungsfokussierte Psychotherapie bei neurotischer Persönlichkeitsstruktur. Stuttgart: Schattauer.

Clarkin, J., Yeomans, F., Kernberg, O. (2008). Psychotherapie der Borderline-Persönlichkeit. Manual zur psychodynamischen Therapie (2., aktualisierte und neubearb. Aufl.). Stuttgart, New York: Schattauer.
Cremerius, J. (1984). Vom Handwerk des Psychoanalytikers. Das Werkzeug der psychoanalytischen Technik. Band 1. Stuttgart: Frommann-Holzboog.
Couper-Kuhlen, E., Selting, M. (1996). Prosody in conversation. Interactional studies. Cambridge: Cambridge University Press.
Decker-Voigt, H.-H., Oberegelsbacher, D., Timmermann, T. (2012). Lehrbuch Musiktherapie (2. Aufl.). München, Basel: Ernst Reinhardt.
Doering, S., Hörz, S. (2012). Handbuch der Strukturdiagnostik. Konzepte, Instrumente, Praxis. Stuttgart: Schattauer.
Ekman, P. (2017). Gefühle lesen. Wie Sie Emotionen erkennen und richtig interpretieren. Berlin: Springer.
Elfenbein, H. A., Ambady, N. (2002). On the universality and cultural specifity of emotional recognition: A meta-analysis. Psychological Bulletin, 128, 203–235.
Falkenberg, I., McGhee, P., Wild, B. (2013). Humorfähigkeiten trainieren. Manual für die psychotherapeutische Praxis. Stuttgart: Schattauer.
Freud, S. (1890/1975). Psychische Behandlung (Seelenbehandlung). Studienausgabe. Ergänzungsband. Frankfurt a. M.: Fischer.
Focus (2010). Die Macht der Stimme, 1, S. 54.
Fürstenau, P. (2002). Psychoanalytisch verstehen. Systemisch denken. Suggestiv intervenieren. Stuttgart: Klett-Cotta.
Geißler, P. (Hrsg.) (2012). Stimme und Suggestion. Die »musikalische Dimension« und ihre suggestive Kraft im psychotherapeutischen Geschehen. Gießen: Psychosozial-Verlag.
Geuter, U. (2015). Körperpsychotherapie. Grundriss einer Theorie für die klinische Praxis. Berlin: Springer.
Gottman, J. (1995). Der Schlüssel zu einer harmonischen Partnerschaft. Lasst uns einfach glücklich sein. München: Heyne.
Gottman, J. (2014). Die Vermessung der Liebe. Vertrauen und Betrug in Paarbeziehungen. Stuttgart: Klett-Cotta.
Grawe, K. (1998). Psychologische Therapie. Göttingen u. a.: Hogrefe.
Grawe, K. (2004). Neuropsychotherapie. Göttingen u. a.: Hogrefe.
Grawe, K., Donati, R., Bernauer, F. (1994). Psychotherapie im Wandel. Von der Konfession zur Profession. Göttingen u. a.: Hogrefe.
Hagedorn, V. (2019). Weltruhm über Nacht. Keine singt so ergreifend schön wie die litauische Sopranistin Asmik Grigorian. Die Zeit, (9), 40.
Hamburger, A., Mertens, W. (Hrsg.) (2017). Supervision – Konzepte und Anwendungen. Band 1: Supervision in der Praxis – ein Überblick. Stuttgart: Kohlhammer.
Hantel-Quitmann, W. (2015). Klinische Familienpsychologie. Familien verstehen und helfen. Stuttgart: Klett-Cotta.
Heigl-Evers, A., Ott, J. (Hrsg.) (1995). Die psychoanalytisch-interaktionelle Methode. Theorie und Praxis. Göttingen: Vandenhoeck & Ruprecht.

Heiland, R. (2018). Weil Worte wirken. Wie Arzt-Patienten-Kommunikation gelingt. Stuttgart: Kohlhammer.
Herpertz, S. C., Caspar, F., Mundt, C. H. (Hrsg.) (2007). Störungsorientierte Psychotherapie. München, Jena: Elsevier/Urban & Fischer.
Hiller, W., Leibing, E., Leichsenring, F., Sulz, S. (Hrsg.) (2004). Lehrbuch der Psychotherapie. 1. Wissenschaftliche Grundlagen der Psychotherapie. München: CIP-Medien.
Hinsch, R., Pfingsten, U. (2002). Gruppentraining sozialer Kompetenzen GSK. Grundlagen, Durchführung, Materialien (4., völlig neu bearb. Aufl.). Weinheim: Beltz.
Hoffmann, N., Hofmann, B. (2012). Selbstfürsorge für Therapeuten und Berater (2., überarb. Aufl.). Weinheim: Beltz/PVU.
Jünger, J. (2018). Ärztliche Kommunikation. Praxisbuch zum Masterplan Medizinstudium 2020. Stuttgart: Schattauer.
Kanning, P. (2018). Rezension zu: Klaus P. Stulle (Hrsg.): Psychologische Diagnostik durch Sprachanalyse. Validierung der Precire-Technologie für die Personalarbeit. https://www.wirtschaftspsychologie-aktuell.de/fachbuch/20180425-klaus-stulle-psychologische-diagnostik-durch-sprachanalyse.html (Zugriff am 03.06.2020).
Kehse, U. (2019). Mobile Selbsthilfe. Geo Wissen, 63, 76–79.
Kernberg, O. (1985). Schwere Persönlichkeitsstörungen. Theorie, Diagnose und Behandlungsstrategie. Stuttgart: Klett-Cotta.
Klein, M. (2015). Das Seelenleben des Kleinkindes. Stuttgart: Klett-Cotta.
Kohut, H. (1979). Die Heilung des Selbst. Frankfurt a. M.: Suhrkamp.
Kolesch, D., Krämer, S. (Hrsg.) (2006). Stimme. Annäherung an ein Phänomen. Frankfurt a. M.: Suhrkamp.
Kramer, J. (2009). Computergestützte Stimmanalyse. Forum Logopädie, 6, 23, 26–32.
Krause, R. (2012). Allgemeine psychodynamische Behandlungs- und Krankheitslehre. Grundlagen und Modelle. Stuttgart: Kohlhammer.
Kuckenburg, M. (2016). Wer sprach das erste Wort? Die Entstehung von Sprache und Schrift (3., aktual. und erw. Aufl.). Stuttgart: Theiss.
Lang, H. (2000). Das Gespräch als Therapie. Frankfurt a. M.: Suhrkamp.
Leibing, E., Hiller, W., Sulz, S. K. D. (Hrsg.) (2003). Lehrbuch der Psychotherapie. Band 3. Verhaltenstherapie. München: CIP-Medien.
Leichsenring, F. (Hrsg.) (2004). Lehrbuch der Psychotherapie. 2. Psychoanalytische und tiefenpsychologisch fundierte Therapie. München: CIP-Medien.
Leichsenring, F., Abbass, A., Beutel, M., Gündel, H., Heuft, G., Hoffmann, S. O., Kächele, H., Kruse, J., Rüger, U., Rudolf, G., Spitzer, C., Salzer, S., Luyten, P., Wampold, B., Steinert, C. (2019). Vom Sinn des Verfahrenskonzepts und der Verfahrensvielfalt – und warum das Baukasten-System in der Psychotherapie nicht funktioniert. Zeitschrift für Psychosomatische Medizin und Psychotherapie, 65. https://doi.org/10.13109/zptm.2019.65.4.oa1

Leikert, S. (2007). Die Stimme, Transformation und Insistenz des archaischen Objekts – Die kinetische Semantik. Psyche – Zeitschrift für Psychoanalyse und ihre Anwendungen, 61, 463–492.

Levitin, D. (2009). Der Musik-Instinkt. Die Wissenschaft einer menschlichen Leidenschaft. Heidelberg: Spektrum, Akademie-Verlag.

Lill, F. (2019). Schönes neues Krankenhaus. Die Zeit, N⁰ 1, 27.12.2019, S. 36.

Linden, M., Strauß, B. (Hrsg.) (2018). Risiken und Nebenwirkungen von Psychotherapie. Erfassung, Bewältigung, Risikovermeidung (2. Aufl.). Berlin: Medizinisch Wissenschaftliche Verlagsgesellschaft.

Lutz, W. (Hrsg.) (2010). Lehrbuch Psychotherapie. Bern: Huber.

Maio, G. (Hrsg.) (2017). Auf den Menschen hören. Für eine Kultur der Aufmerksamkeit in der Medizin. Herder.

Margraf, J. (Hrsg.) (1999). Lehrbuch der Verhaltenstherapie Band 1 und 2. Springer.

Mayer, K.-M. (2019). Keine Angst vor Dr. Data! Focus, 10, S. 62–69.

Mertens, W. (2011). Psychoanalytische Schulen im Gespräch. Band 2. Selbstpsychologie, Post-Selbstpsychologie und relationale und intersubjektive Kritik. Bern: Huber.

Mertens, W., Hamburger, A. (Hrsg.) (2017). Supervision – Konzepte und Anwendungen. Band 2: Supervision in der Ausbildung. Stuttgart: Kohlhammer.

Mehrabian, A., Ferris, S. R. (1967). Inference of attitudes from nonverbal communication in two channels. Journal of Consulting Psychology, 31, 248–252.

Müller-Wohlfahrt, H.-W. (2018). Mit den Händen sehen. Mein Leben und meine Medizin. Berlin: Insel Verlag.

Morgenthaler, F. (1978). Technik. Zur Dialektik der psychoanalytischen Praxis. Syndikat.

Möller, H., Lohmer, M. (2017). Supervision in der Psychotherapie. Grundlagen-Forschung-Praxis. Stuttgart: Kohlhammer.

Nasir, M., Baucom, B. R., Georgiou, P., Narayanan, S. (2017). Predicting couple therapy outcomes based on speck acoustic features. PLoS One, 12, 9: e 0185–123. https://doi.org/10.1371/journal.pone.0185123.

Neumann, R., Strack, F. (2000). »Mood Contagions«: The Automatic Transfer of Mood Between Persons. Journal of Personality and Social Psychology, 79, 211–223.

Perrez, M., Baumann, U. (Hrsg.) (2005). Lehrbuch. Klinische Psychologie-Psychotherapie. Bern: Huber.

Psychotherapeut (2018). Schwerpunktheft: Digitalisierung und Psychotherapie, 63, 4.

Psyche – Zeitschrift für Psychoanalyse und ihre Anwendungen (2019). Schwerpunktthema: Digitalisierung. Folgen für Psyche und Kultur. 73.

Racker, H. (2017). Übertragung und Gegenübertragung. Studien zur psychoanalytischen Technik. München: Ernst Reinhardt.

Ramseyer, F., Tschacher, W. (2006). Synchrony: A core concept for a constructivist approach to psychotherapy. Constructivism in the Human Sciences, 11, 1, 150–171.

Regenbogen, C., Schneider, D. A., Finkelmeyer, A., Kohn, N., Derntl, B., Kellermann, T., Gur, R. E., Schneider, F., Habel, U. (2012). The differential contribution of facial expressions, prosody, and speech content to empathy, cognition and emotion, 26, 995–1014.

Revenstorf, D., Peter, B. (Hrsg.) (2015). Hypnose in Psychotherapie, Psychosomatik und Medizin. Manual für die Praxis (3. Aufl.). Berlin, Heidelberg: Springer.

Rhetorik (2016). Die Kunst der guten Rede – von Aristoteles bis heute. Zeit Akademie.

Richter, B., Echternach, M., Traser, L., Burdumy, M., Spahn, C. (2017). Die Stimme. Einblicke in die physiologischen Vorgänge beim Singen und Sprechen. DVD. Innsbruck u. a.: Helbling.

Riemann, F. (1982). Grundformen helfender Partnerschaft. Ausgewählte Aufsätze (4. Aufl.). München: Pfeiffer.

Rizzolatti, G., Sinigaglia, C. (2018). Empathie und Spiegelneuronen. Die biologische Basis des Mitgefühls. Frankfurt a. M.: Suhrkamp.

Rosenthal, R., Hall, J. A., DiMatteo, M. R., Rogers, P. L., Archer, D. (1979). Sensitivity to nonverbal communication: The PONS Test. Baltimore: The Johns Hopkins University Press.

Rothschild, B. (2006). Help for the helper. Self-care strategies for managing burnout and stress. New York: Norton.

Rudolf, G. (2006). Strukturbezogene Psychotherapie. Leitfaden zur psychodynamischen Therapie struktureller Störungen. Stuttgart: Schattauer.

Rudolf, G. (2016). Psychotherapeutische Identität. Göttingen: Vandenhoeck & Ruprecht.

Roter, D. L., Frankel, R. M., Hall, J. A., Sluyter, D. (2006). The expression of emotion through nonverbal behavior in medical visits. Journal of general internal medicine, 21, 1, 28–34.

Sandler, J. (1976). Gegenübertragung und Bereitschaft zur Rollenübernahme. Psyche – Zeitschrift für Psychoanalyse und ihre Anwendungen, 30, 297–305.

Schattenburg, L. (2000). Geschlechtsstereotype Attributionen bei Kindern in Leistungssituationen. Experimentelle Studie zum Ost-West-Vergleich. Frankfurt a. M. u. a.: Peter Lang.

Schattenburg, L. (2003). Neue Ergebnisse und Fortentwicklung des Stressimpfungstrainings nach Meichenbaum. In: D. Meichenbaum, Intervention bei Stress. Anwendung und Wirkung des Stressimpfungstrainings (S. 133–165). Bern: Huber.

Schattenburg, L. (2006). Sigmund Freud und die Psychoanalyse heute. Würdigung zu seinem 150. Geburtstag. Stimmen der Zeit, 12, 809–820.

Schattenburg, L. (2007). Comparison between Cognitive-Behavioral and Psychodynamic Therapy and the Translation of their Constructs. Poster at the World Congress of Behavioural and Cognitive Therapies, Barcelona. Schriftenreihe XXI der Psychosomatischen Klinik Campus Bad Neustadt. Forschungsbericht 2015, S. 20.

Schattenburg, L. (2008). Die Beteiligung des Pflegepersonals am Training sozialer Kompetenzen (GSK) mit einem Videobeispiel. In: Der Stellenwert des Pflegeberufs in der Psychosomatik. Schriftenreihe XII der Psychosomatischen Klinik Bad Neustadt (S. 63–67). Bad Neustadt.

Schattenburg, L. (2011). Unerwartete heftige Reaktivierung traumatischer Erlebnisse. Fallvignette zur stationären Psychotherapie. Psychotherapeut, 56, 337–340.

Schattenburg, L. (2012). Gruppentherapie in der psychosomatischen Rehabilitation. In B. Strauß, D. Mattke (Hrsg.), Gruppenpsychotherapie. Lehrbuch für die Praxis (S. 439–448). Berlin, Heidelberg: Springer.

Schattenburg, L. (2012). Integrative Strömungen in VT und PP. Der theoretische Fokus auf einen bilingualen Ansatz. In: Forschungsbericht 2015. Jubiläumsausgabe 40 Jahre Psychosomatische Klinik Bad Neustadt. Schriftenreihe XXI der Psychosomatischen Klinik Bad Neustadt (S. 24). Bad Neustadt.

Schattenburg, L. (2017). Gefühlsausdruck in Musik und Stimme und die Bedeutung für die Psychotherapie. In: Ressource Musik – Musiker im Mittelpunkt. Schriftenreihe XXIV der Psychosomatischen Klinik Bad Neustadt (S. 251–267). Bad Neustadt.

Schattenburg, L. (2018a). Selbstfürsorge der Psychotherapeuten*innen. Unveröffentlichtes Manuskript. Workshop an der Akademie für Psychotherapie (AfP), Erfurt.

Schattenburg, L. (2018b). The Importance of the Voice in Psychotherapy – Aspects of Supervision. Poster auf dem Kongress der Deutschen Gesellschaft für Psychiatrie, Psychosomatik und Nervenheilkunde. DGPPN. Berlin.

Schattenburg, L. (2019). The Psychodynamic of the Voice in Psychotherapy – Supervision of the Countertransference. Poster auf dem Kongress der Deutschen Gesellschaft für Psychiatrie, Psychosomatik und Nervenheilkunde. DGPPN. Berlin.

Schattenburg, L., Schuppert, M. (2017). Ressource Musik – Musiker im Mittelpunkt. Tagungsbericht. Ein Rückblick auf die 7. Musikmedizinische Tagung des Campus Bad Neustadt in Kooperation mit der DGfMM. Musikphysiologie und Musikmedizin, 2, 24, 108–116.

Scherer, K. R. (2003). Vocal communication of emotion: A review of research paradigms. Speech Communication, 40, 227–256.

Schmidt, G. (2004). Liebesaffären zwischen Problem und Lösung. Hypnosystemisches Arbeiten in schwierigen Kontexten. Heidelberg: Carl-Auer.

Schmidt, G. (2015). Hypnosystemische Konzepte für Coaching, Team- und Organisationsentwicklung. DVD. Müllheim, Baden: Auditorium Netzwerk.

Schmidt-Atzert, L., Peper, M., Stemmler, G. (2014). Emotionspsychologie. Ein Lehrbuch. Stuttgart: Kohlhammer.

Schneider-Stickler, B., Bigenzahn, W. (2013). Stimmdiagnostik. Ein Leitfaden für die Praxis. Springer.

Schulz von Thun, F. (2007). Miteinander reden: Fragen und Antworten. Reinbek: Rowohlt.

Segal, H. (2013). Melanie Klein. Eine Einführung in ihr Werk. Frankfurt a. M.: Brandes & Apsel.

Seltzer, L., Prososki, A., Ziegler, T., Pollak, S. (2012). Instant messages vs. speech: hormones and why we still need to hear each other. Evolution and Human Behavior, 33, 1, 42–45.
Sendlmeier, W. (2019). Sprechwirkungsforschung. Grundlagen und Anwendungen mündlicher Kommunikation. Berlin: Logos Verlag.
Sinn, R. (2017). Die Bedeutung der Ähnlichkeit paraverbaler Merkmale zwischen Patient und Therapeut bei der Therapie Sozialer Phobie. Unveröffentlichte Masterarbeit. Universität Jena. Institut für Psychosoziale Medizin und Psychotherapie.
Spahn, C., Richter, B. (2016). Musik mit Leib und Seele. Was wir mit Musik machen und sie mit uns. Stuttgart: Schattauer.
Spitzer, M. (2003). Musik im Kopf. Hören, Musizieren, Verstehen und Erleben im neuronalen Netzwerk. Stuttgart: Schattauer.
Spitzer, M. (2018). Einsamkeit. Die unerkannte Krankheit. München: Droemer.
Stegemann, T. (2018). Was MusiktherapeutenInnen über das Gehirn wissen sollten. Neurobiologie für die Praxis. München: Ernst Reinhardt.
Stoléru, S. (2019). Der neuronale Gefühlscode. Gehirn & Geist, 4, 48–51.
Strauß, B., Hohagen, F., Caspar, F. (Hrsg.) (2007). Lehrbuch Psychotherapie. 1 und 2. Göttingen u. a.: Hogrefe.
Strauß, B., Willutzki, U. (2018). Was wirkt in der Psychotherapie? Bernhard Strauß und Ulrike Willutzki im Gespräch mit Uwe Britten. Göttingen: Vandenhoeck & Ruprecht.
Streeck, U. (2004). Auf den ersten Blick. Psychotherapeutische Beziehungen unter dem Mikroskop. Stuttgart: Klett-Cotta.
Streeck, U., Leichsenring, F. (2009). Handbuch psychoanalytisch-interaktionelle Therapie. Behandlung von Patienten mit strukturellen Störungen und schweren Persönlichkeitsstörungen. Göttingen: Vandenhoeck & Ruprecht.
Storch, M., Tschacher, W. (2014). Embodied Communication. Kommunikation beginnt im Körper, nicht im Kopf. Bern: Huber.
Stulle, K. P. (Hrsg.) (2018). Psychologische Diagnostik durch Sprachanalyse. Validierung der Precire-Technologie für die Personalarbeit. Wiesbaden: SpringerGabler.
Tages-Anzeiger (2019). https://www.tagesanzeiger.ch/digital/internet/wie-unsere-stimme-alles-ueber-uns-verraet/story/18087714
Thomä, H., Kächele, H. (2006a). Psychoanalytische Therapie. Grundlagen. Berlin, Heidelberg: Springer.
Thomä, H., Kächele, H. (2006b). Psychoanalytische Therapie. Praxis. Berlin, Heidelberg: Springer.
Thorwart, J. (2019). Psychoanalyse und Internet. Anmerkungen zu ethischen Fragen der Nutzung digitaler Kommunikationsmedien. Zeitschrift für Psychoanalyse, 73, 852–878.
Tiggeler, N. (2016). Mit Stimme zum Erfolg. Anklang finden, überzeugen und begeistern. München: Beck.

Timmons, A. C., Baucom, B. R., Han, S. H., Perrone, L., Chaspari, Th., Narayanan, Sh. S., Margolin, G. (2017). New frontiers in ambulatory assessment: Big data methods for capturing couples' emotions, vocalizations, and physiology in daily life. Social Psychological and Personality Science, 8, 552–563.

Turkle, S. (2015). Reclaiming conversation. The power of talk in a digital age. New York: Penguin.

Turkle, S. (2019). Empathie-Maschinen. Der vergessene Körper. Zeitschrift für Psychoanalyse, 73, 726–743.

Wampold, B. E., Imel, Z. E. (2015). The great psychotherapy debate. The evidence for what makes psychotherapy work. New York, Hove: Routledge.

Watzlawick, P., Beavin, J. H., Jackson, D. D. (1969). Menschliche Kommunikation. Formen, Störungen, Paradoxien. Bern: Huber.

Wild, B. (2012). Humor in der Psychiatrie und Psychotherapie. Neurobiologie – Methoden – Praxis. Stuttgart: Schattauer.

Wolfangel, E. (2019). Die Seele auf der Zunge. Die Zeit, 7, 27 f.

Wöller, W., Kruse, J. (2010). Tiefenpsychologisch fundierte Psychotherapie. Basisbuch und Praxisleitfaden (3., überarb. u. erw. Aufl.). Stuttgart: Schattauer.

Wurmser, L. (1998). Das Rätsel des Masochismus. Psychoanalytische Untersuchungen von Gewissenszwang und Leidenssucht. Berlin: Springer.

Wurmser, L. (2013). Die Maske der Scham. Die Psychoanalyse von Schamaffekten und Schamkonflikten. Eschborn: Klotz.

Wünsch, I., Lehmann, A. (2019). Tage der neuen Musik 2019. Podium Magazin. Hochschule für Musik Würzburg. N^0 08, 010–011.

Yeomans, F., Clarkin, J., Kernberg, O. (2017). Übertragungsfokussierte Psychotherapie für Borderline-Patienten. Das TFP-Praxismanual. Stuttgart: Schattauer.

Zeig, J. K. (Hrsg.) (2018). Meine Stimme begleitet Sie überallhin. Ein Lehrseminar mit Milton H. Erickson. Stuttgart: Klett-Cotta.

Zwerenz, R., Schur, K., Wieling, J., Schattenburg, L., Beutel, M. E. (2018). Therapeutische Allianz bei einer psychodynamischen Online-Nachsorge. Ärztliche Psychotherapie, 13, 247–253.